Rich致富342

2030世界未來報告書

朴英淑（Youngsook Park）
傑羅姆・格倫（Jerome Glenn）◎合著

宋佩芬◎譯

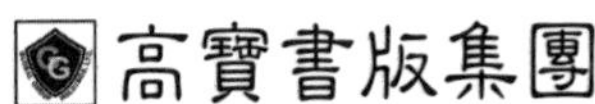

全球未來學研究智庫

「千禧年計畫」(The Millennium Project)

位於美國華盛頓的「千禧年計畫」，是研究全球未來的團體，目前正與聯合國及旗下各研究機關、歐盟、經濟合作組織等國際機關密切合作，為了人類的永續經營而持續研究各種問題的解決方法。

千禧年計畫源自 1988 年聯合國的「新千禧年未來預測計畫」，於 1996 年創立成為非政府組織(NGO)。本計畫從 1996 年到 2007 年接受聯合國大學(United Nations University)、聯合國大學美國理事會(American Council)金援，於 2008 年轉移到聯合國經濟及社會理事會旗下聯合國協會世界聯合會(World Federation of United Nations Associations, WFUNA)，並於 2009 年獨立成國際非政府組織。

千禧年計畫在全球有 66 個分部，由 4,500 位各領域的政府官員、企業家、學者及專家擔任理事，他們提出「15 項地球村大挑戰」的解決對策與國際社會的長期願景，並分析其中的機會與危機，也提供必要的政策與策略建議。他們正在透過科學預測未來，提前警告大眾未來社會可能發生的危險。

《世界未來報告書》(State of the Future)是千禧年計畫內 4,500 多名專家們運用 SoFi、RTD、未來輪(Futures Wheel)、場景分析法等各種預測方法來預測 10 年後的未來。除此之外，本書還添加了國際機構研究成果的分析，是一份提供給各國未來研究團隊與聯合國等的報告書，並且在每年舉辦的世界未來學會（World Future Society，WFS）會議上發表。

千禧年計畫的韓國分部是（社團法人）聯合國未來學論壇。

千禧年計畫網路（按英文字母順序）

阿根廷 Argentina

Miguel Angel Gutierrez
Latin American Center for
Globalization & Prospective
Buenos Aires, Argentina

澳洲 Australasia

Anita Kelleher
Designer Futures
Inglewood, Australia

亞塞拜然 Azerbaijan

Reyhan Huseynova
Azerbaijan Future Studies Society
Baku, Azerbaijan

玻利維亞 Bolivia

Veronica Agreda
Franz Tamayo University
La Paz & Santa Cruz, Bolivia

巴西 Brazil

Arnoldo José de Hoyos
São Paulo Catholic University
São Paulo, Brazil

Rosa Alegria
Perspektiva
São Paulo, Brazil

比利時 Brussels-Area

Philippe Destatte
The Destree Institute
Namur, Belgium

保加利亞 Bulgaria

Mariana Todorova
Bulgarian Academy
School for of Sciences

Boyan Ivantchev
Advance Equity and Finance and
Insurance
Sofia, Bulgaria

加拿大 Canada

Karl Schroeder
Idea Couture
Toronto, ON, Canada

智利 Chile

Luis Lira
EspecialistaenDesarrollo y Planificación
Territorial
Santiago, Chile

中國 China

Zhouying Jin
Chinese Academy of Social Sciences
Beijing, China

哥倫比亞 Colombia

Francisco José Mojica
Universidad Externado
Bogotá, Colombia

克羅埃西亞 Croatia

Zoran Aralica and Diana Šimic
Croatian Institute for Future Studies
Zagreb, Croatia

捷克 Czech Republic

Pavel Novacek
Palacky University
Olomouc, Czech Republic

多明尼加 Dominican Republic

Yarima Sosa
FUNGLODE
Santo Domingo, Dominican Republic

埃及 Egypt

Kamal Zaki Mahmoud Shaeer
Egyptian-Arab Futures Research Ass.
Cairo, Egypt

芬蘭 Finland

Sirkka Heinonen
Finland Futures Research Centre
Helsinki, Finland

法國 France

Saphia Richou
Prospective-Foresight Network
Paris, France

德國 Germany

Cornelia Daheim
Future Impacts Consulting
Cologne, Germany

希臘 Greece

Stavros Mantzanakis
Emetris SA
Thessaloniki, Greece

Cristofilopoulos Epaminondas
Phemonoe Lab/Emetris, SA
Thessaloniki, Greece

科威特 Gulf Region

Ismail Al-Shatti
Gulf Inst. for Futures and
Strategic Studies
Kuwait City, Kuwait

Ali Ameen
Kuwait Oil Company
Kuwait City, Kuwait

匈牙利 Hungary

ErzsébetNováky
Corvinus University of
Budapest

Budapest, Hungary

Mihály Simai
Hungarian Academy of Sciences
Budapest, Hungary

印度 India

Mohan K. Tikku Sudhir Desai
Futurist/Journalist Srishti Institute
New Delhi, India New Delhi, India

伊朗 Iran

Mohsen Bahrami
Iranian Space Organization
Tehran, Iran

以色列 Israel

Yair Sharan
The EPI/FIRST
Jerusalem, Israel

Aharon Hauptman
Tel Aviv University
Tel Aviv, Israel

義大利 Italy

Mara DiBerardo
J&J Production Company
Teramo Area, Italy

日本 Japan

Sungjoo Ogino
Chiba, Japan

Shinji Matsumoto
CSP Corporation
Tokyo, Japan

肯亞 Kenya

Arthur Muliro
Society for International Development
Nairobi, Kenya

大韓民國 Republic of Korea

Youngsook Park
UN Future Forum
Seoul, Republic of Korea

馬來西亞 Malaysia

Carol Wong
Genovasi
Kuala Lumpur, Malaysia

墨西哥 Mexico

Concepción Olavarrieta
El Proyecto Del Milenio, A.C.
Mexico City, Mexico

蒙特內哥羅 Montenegro

Milan Maric
S&T Montenegro
Podgorica, Montenegro

巴基斯坦 Pakistan

Puruesh Chaudhary
AGAHI and Foresight Lab
Islamabad, Pakistan

Shahid Mahmud
Interactive Group
Islamabad, Pakistan

巴拿馬 Panama

Gabino Ayarza Sánchez
City of Knowledge Foundation Clayton
Ancón, Panama City, Panama

秘魯 Peru

Fernando Ortega
Peruvian Association of Prospective and Future Studies
Lima, Peru

波蘭 Poland

Norbert Kolos and Piotr Jutkiewicz
4CF–Strategic Foresight
Warsaw, Poland

羅馬尼亞 Romania

Adrian Pop
Centre for Regional and Global Studies
Romanian Scientific Society for Interdisciplinary Research
Bucharest, Romania

南非共和國 South Africa

Rasigan Maharajh
Tshwane University of Technology
Tshwane, South Africa

西班牙 Spain

Ibon Zugasti
PROSPEKTIKER, S.A.
Donostia-San Sebastian, Spain

俄羅斯 Russia

Nadezhda Gaponenko
Institute for Economy, Policy & Law
Moscow, Russia

美國 USA

Brock Hinzmann
Futurist Consultant
Palo Alto, CA, USA

John J. Gottsman
Clarity Group
San Francisco, CA, USA

斯洛伐克 Slovakia

Ivan Klinec
Academy of Science
Bratislava, Slovakia

斯洛維尼亞 Slovenia

Blaz Golob
SmartIScity Ltd.
Ljubljana, Slovenia

坦尚尼亞 Tanzania

Ali Hersi
Society for International Development
Dar es Salaam, Tanzania

土耳其 Turkey

Eray Yuksek
Turkish Futurists Association
Istanbul, Turkey

烏干達 Uganda

Arthur Muliro
Society for International Development
Kampala, Uganda

阿拉伯聯合大公國 United Arab Emirates

Hind Almualla
Knowledge and Human Development Authority
Dubai, UAE

Paul Epping
Philips Healthcare
Dubai, UAE

英國 United Kingdom

Rohit Talwar
Fast Future Research
London, England, UK

烏拉圭 Uruguay

Lydia Garrido
FacultadLatinoamericana de CienciasSociales– FLACSO
Montevideo, Uruguay

委內瑞拉 Venezuela

José Cordeiro
Red Iberoamericana de Prospectiva, RIBER
Caracas, Venezuela

藝術／媒體網路 Arts/Media-Node

Kate McCallum
c3: Center for Conscious Creativity
Los Angeles, CA, USA

序

別害怕，請試著期待與想像未來

對於從 2005 年開始出版未來預測書的我來說，2020 這個數字有很重大的意義，因為這是我可以親眼確認一直以來所預測的事情變成現實的時間點。我們正在目睹區塊鏈、自動駕駛、人工智慧、基因剪輯等技術渡過了實驗階段，並以勢如破竹之姿進入到現實世界當中。

我們藉由每年的《世界未來報告書》系列向讀者介紹最近的未來和 10 ～ 15 年以上等各種未來長期的展望與面貌。而本書不只談 2020 年，也將探討 2030 年之前會有怎樣的未來。

我身處的千禧年計畫以及 TechCast Global 研究公司於 2019 年初曾運用未來預測方法，發表將會引領 2020 ～ 2030 年的 5 項平台技術與其商業規模展望，即人工智慧、DNA 定序及基因剪輯、機器人學擴張、太陽能及再生能源成本降低、區塊鏈與加密貨幣成長。我預估因為技術進步而蓬勃發展的上述 5 大創新技術，將在日後的 10 ～ 15 年間創造出 50 兆美元以上的商業價值與財富。目前，這 5 項最佳潛力技術與相關產業的市占總額為 6 兆美元，而如果現在投資的話，將可以創造出幾乎 10 倍的收益。本書將針對這 5 項技術的發展現況、相關產業的展望，以及即將導致的社會變化等深入討論。另外，我們也將「為了人類更好的未來」而不斷致力於研究的企業一併記錄了下來。

接著，我先簡單地提到未來社會變化的局面。

1. 連結性增加：因為手機和網路的普及，全球將近一半的人口會從現在開始的 4 ～ 6 年內連結在一起，也將產生龐大的工作數量與市場。連結在一起的全球人口將不再需要仲介，可以直接使用安全的區塊鏈平台親自執行所有交易。2020 年，全世界預計將會有超過 200 億個連接裝置與 1 兆個以上的感測器；而到了 2030 年，將會有 5,000 億個連接裝置與 100 兆個感測器將我們連接起來。舉例來說，日常生活中的機器，包括紅綠燈、公車等大眾運輸工具，以及城市的基礎建設將變得更智慧、更加相互連結。另外，自駕車會增加更多我們無法想像的數據連接，到時候所有轉彎、停止、加速都需要使用數據傳輸。現在，已經有一部份的車輛可以進行 25GB 以上的數據傳輸了，汽車數據預計將在這 10 年創造出 7,500 億美元的收益。

可廣泛應用的技術與日後的市場規模

平台	技術	導入技術時期	市場規模
區塊鏈	區塊鏈	2009 年	Mega
	自由價值的傳送	2007 年	Mid
能源儲存	自動技術	2007 年	Large
	電池技術	2009 年	Mid
DNA 定序	定序技術	2004 年	Large
	基因剪輯	2012 年	Mid
機器人學	思維適應性控制機器人	2005 年	Mega
	3D 列印	1986 年	Lower
	可重複使用的火箭	2015 年	Lower
人工智慧	人工神經網路	2012 年	Mega
	行動裝置	2007 年	Mid
	雲端運算	2007 年	Mid
	物聯網	2011 年	Mid

※ 推測股票資本數值：Mega ＝ 10 兆美元以上；Large ＝ 10 兆美元左右；Mid ＝ 10 兆美元以下；Lower ＝ 1 兆美元左右。

出處：ARK Investment Management LLC

2. 人類能力擴張：我們將能夠自由地存取一切數據，即時式教育（Just-In-Time Education）會普及化。在人工智慧與 VR 的結合下，我們有需求時就可以隨時透過 5G 獲得最新資訊。此外，現在也有許多公司正在投入大量資金進行「意識上傳」，也就是大腦與雲端連接的研究，其中值得關注的有 Kernel、Neuralink、Open Water 等公司。未來，如果大腦與雲端連接上的話，電影中的超級人類有一天也可能會實現。

3. 生活成本減少：因能源生產成本減少，我們即將迎來豐饒的時代。隨著太陽能的生產成本急速下滑、電能儲存容量逐漸提高、幾乎每週都會出現新的太陽能技術等發展效率持續提高，再過一陣子也許不需要整個屋頂，只要一小部份就能產生足夠的電了。而在不久後的將來，太陽能發電就可能以每度 1 美分（cents/kWh）產生電力。如果太陽成為了替代能源，海水淡化將更便宜，也將不再需要用水庫來進行水力發電。

4. 人類壽命延長：另一個最重要、必須依靠人工智慧與機器人來解決的問題就是人類壽命的延長。人類平均壽命馬上就要超越 100 歲，即將迎來 120 歲、150 歲的百歲世代。多虧了基因剪輯、DNA 定序、幹細胞治療等新技術的問世，人類將能克服疑難雜症、健康地活得更久。

本書會針對這些預測與技術提出許多相關的問題，例如加密貨幣與電子錢包是否會成為傳統銀行滅亡與貨幣動搖的原因？到了 2022 年，電動汽車真的會比燃油汽車便宜嗎？隨著人工智慧發展所造成的社會改變，會比網路帶來的更大嗎？自駕計程車可以壯大共享市場的規模到多大？自駕計程車會成為絕佳的投資機會嗎？新一代 DNA 定序技術究竟能不能揭開疾病及死亡的祕密？等等，盡量讓各位能夠一起思考與決定答案。

雖然要回答什麼是每個人的選擇，但是在思考答案的過程中，我希望各位能順便思考「這有沒有可能實現」。如果你是長期閱讀未來預測類書籍的讀者，我想你應該比一般人更清楚這些預測有沒有實現的可能。

大規模市場正在成形，不過這些創新技術在大眾接受它們之前，仍須經過一段很長的熟成時間。歷史充滿了許多對重大思想，尤其是具有破壞性創新思想視而不見的人。有人拿出勇氣接受了改變歷史的構想而致富，有人則是晚了一步悔不當初。其中最有名的例子，就是貝爾在 1876 年正式得到電話專利之後，許多公司都將電話視為不合時宜或不重要的東西，只有西聯匯款公司（western union）買下了這項專利。另外，當汽車初次登場時也有許多人認為只是一時的流行，還說「汽車只是富翁們的奢侈品，無法像腳踏車一樣被普及」。

這些故事現在聽起來大概很好笑，但到了 2050 年左右，在未來的人眼中，2020 年時認為「自駕車與送貨機器人在道路上行駛、人工智慧將人與東西全都連結在一起、人類與機器無限連接又無病痛的世界不可能來臨」的我們，就跟那些說著「汽車時代不會到來」的人們一樣好笑也說不定。因此，希望各位在閱讀本書時能記住「未來是有無限可能的」這個事實。

本書亦收錄了其他還在開發初期或是尚未出現有趣進展的未來新聞。其中最具代表性的是美國正在進行的區塊鏈「機會區域」（opportunity zone）的相關消息，機會區域是發展地區社會的計畫，為了促進長期投資低所得城市或落後地區，美國聯邦政府也為這些民間投資提供所得減免的制度。這個計畫甚至被稱為「第二個羅斯福新政」，吸引了全球投資人與企業家。而吸引未來學家們關注的原因則是因為「機會區域」在舊金山與紐約等地方，正在試圖建造百分之百由區塊鏈組成的社群，而最近設立了機會區域投資平台的公司 Lighthouse One 便獲得了 250 億美元的資金。Lighthouse One 正在計劃一個 5G、區塊鏈、人工智慧、物聯網等尖端技術可運用在所有領域的未來城市，這個城市預計只使用再生能源，並引進搭載區塊鏈且可進行太陽能源與碳交易的 SwytchX 系統。現在，有許多眼光長遠的投資人與怪咖企業家正不手軟地投資可以改變世界的潛在技術。這項計畫將會獲得多少成功，很值得我們關注。

很可惜的是，本書這次無法收錄能在陸上與空中行駛的飛行車（Flying car）的發展狀況。結合了自動駕駛與無人機技術的無人機計程車、空中計程車、飛行車，被選為掀起運輸革命的三大要素，目前也已經有 20 多家公司正在進行空中計程車試營運了。Uber 幾年前就表示「Uber Air」將在 2020 年上市，不過後來 Uber 表示將延至 2023 年。專家們考量法規與價格等問題後，預測飛行車普及化時期會落在 2035 年左右。現在，來自世界各地的公司，例如 Google、Uber、太力飛行汽車、PAL-V、Aeromobile、HoverSurf、億航等正在搶先開發飛行車。由於飛行車每年都離商業化越來越近，所以預測飛行車的成長也會是件非常有趣的事。

現在，我們的生活與 20 年前或 10 年前完全不同，人們隨時關注著技術的進步，有些人會覺得有趣，也有些人會感到恐懼。那麼，有沒有辦法可以戰勝恐懼呢？有人曾說恐懼來自於對未來的不確定，因此，唯一可以戰勝對未來恐懼的辦法就是學習未來，例如試著了解有什麼技術正在或即將登場，而這些技術又將會如何改變世界等等。希望本書能幫助各位消除內心的不安，更理解未來，並做好準備。

我在執筆時接受了許多人的幫助：我在延世大學教的學生們、區塊鏈 AI 新聞記者與義工們、千禧年計畫的會員們、強人工智慧協會的成員們、TechCast Global 的委員們、達文西學院的理事們、我的丈夫 Bruce Harmsen 與兒子 Shawn Harmsen 幫助我整理資料，我想在這裡再次表達我的感謝。

朴英淑

聯合國未來學論壇　主席

目錄
Contents

第 2 章　與人工智慧分工合作而變強的人類

第 3 章　新一代技術融合，打造先進的日常生活

目錄
Contents

〔2020年必須關注的事件1〕

2020 ～ 2030 年將發生三大交通革命

2022年，燃油車滅亡

電動車在 2010 年的銷量只有 12,500 台，但在 2018 年的銷售卻占了所有汽車銷售總額的 2%，達到了 200 萬台；現在，在美國的馬路上更是有 500 萬台電動車在行駛，十年前根本沒人想像得到電動車的普及化會如此迅速。根據彭博新能源財經所發表的《2019 電動車展望》指出，到了 2022 年，因為電池的價格持續下滑，尺寸也在縮小，電動車的價格預計會比現在的燃油車更具競爭力。而且，因為特斯拉（Tesla）將電動車視為最優先開發項目，他們將很有可能主導汽車界的發展。

現階段阻礙電動車市場擴張的最大因素，是缺乏充電站基礎建設，以及與燃油車的價差太大。現在，即使是關注環境問題的人，也會因為電動車價格昂貴而猶豫要不要買，不過電動車的價格正在快速下滑，因此彭博推測到了 2022 年，電動車將會比同尺寸的燃油車更便宜；而在 2024 ～ 2026 年，燃油車將會消失，且歐洲的速度會比北美快。

鋰電池價格下滑也是電動車價格會一直下降的原因。幾年前，光是電池就占了電動車價格的一半，但是現在只占了約總成本的33%，而到了2025年預計會降到約20%左右。不只是電動車，便宜的電池也將普及至利用電池發動的挖土機、電動快艇、飛機等機械上。

電動車與燃油車每英里價格下降趨勢

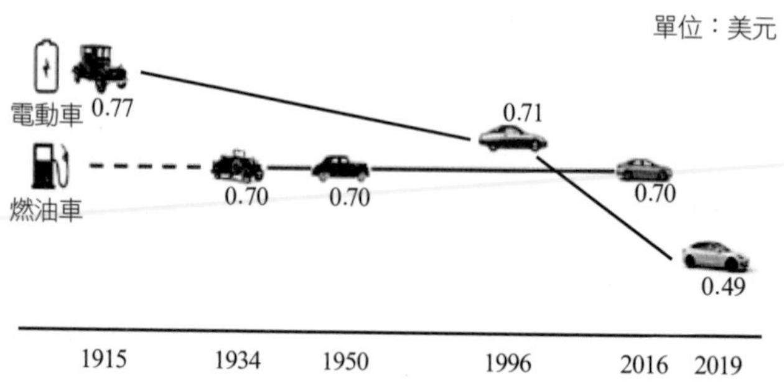

除了汽車整體價格下滑，每英里行駛的成本下降也是個趨勢。根據萊特定律（Wright's Law），每當生產數量成長到2倍後，成本就會出現依固定比率下降的傾向。內燃機現在是個成熟的技術，所以開車時的成本在超過七十五年後的今天，仍然穩定地維持在每英里約0.70美元。另一方面，個人電動車行駛成本正在逐年下降，車身價格不只在2022年時會比燃油車便宜，還可能會持續下滑。實際上，根據ARK投資管理公司（ARK Investment Management

LLC）的一項研究顯示，電動車預估的二手價值高，而且就算既有成本高，但是每英里成本的競爭力更高。因此，如果電動車的價格比燃油車更低的話，就很有可能引發市場需求大爆炸。

雖然世界各地正在刪減對電動車的補助，但是現在看起來沒有任何事物可以阻擋電動車市場的成長，而這也表示其成本正在快速下降。電動車比燃油車便宜的黃金交叉點是在三年還是五年後都沒關係，真正重要的是全球趨勢正在從燃油車過渡到電動車，而運輸產業將因此出現劇烈的變化。

2025年，自動駕駛車普及

根據美國最大 IT 專業網路媒體 TechCrunch 的報導，美國目前有 36 州、80 多家公司正在進行超過 1,400 台自駕車的試營運。在美國，想要在道路上測試、開發自駕車的話必須先獲得許可才行，不過從試營運的申請件數中我們不難看出市場對自駕車的關注。最先在道路上實施自駕車測試的是加州，目前已經有 65 家公司獲准試營運。另外，80 多家公司中有 62 家在加州，由此也可看出促使自駕時代快速成長的矽谷有多重要。

不只是汽車製造公司，矽谷的科技公司在自駕車上的開發與生產也走在前端。針對這股趨勢，FTI 企管顧問公司在 2019 年的報告書中也提到了「百年歷史的汽車製造業正在滅亡」。預測家推測自駕車市場會在 2050 年時達到顛峰，成為一年 7 兆美元的市場。雖然目前這個市場仍以科技公司主導，但保險公司、建設公司、物流公司也都紛紛投入了資金。

由於道路和燃料都將改變，自駕車將掀起的變化可能會比起過去一百年汽車帶來的更大。未來，我們將不用親自開車，只需要透過龐大的數據為我們服務就行了。為了實現完全自動駕駛，這項產業必須與人工智慧、資訊科學、區塊鏈等各種產業融合，而無法在這些技術上領先的傳統汽車製造業將會滅亡。

近期與自駕車有關、最值得關注的企業是亞馬遜。雖然亞馬遜可能沒有和自駕車有直接關聯，但是早在很久以前，亞馬遜就在物流中心使用自動駕駛機器，並一直在開發專屬的自動駕駛平台了。他們早已與自動駕駛貨車開發商 Embark 進行自動駕駛貨車試驗。此外，集結了矽谷最優秀工程師的 Aurora 公司也投資了 5 億 5 千萬美元在自動駕駛開發上，這個舉動讓汽車公司、自動駕駛相關的科技公司備受威脅。亞馬遜也正在把眼光放到另一處，那就是將人工智慧語音助理 Alexa 放在 BMW、福特及豐田汽車的新車上，讓使用者可以在乘車時用 Alexa 聽音樂、管理行程、購物等等，他們的目標是讓使用者在不用駕駛而多出來的時間裡選擇與亞馬遜帝國一起度過（詳細內容請見第 3 章）。

自駕車將帶來的 10 大改變

1. 運輸服務業將會普及，人們將不再需要擁有汽車。汽車將是富豪的興趣或賽車選手使用的東西，擁有車將如同擁有馬一樣，會成為非常昂貴的興趣。
2. 汽車製造業將整合成擁有自駕車的出租服務公司。
3. 1 台電動車可取代 30 台燃油車，最大可替代 50% 交通流量。
4. 為了迎合寵物、身心障礙者、高齡化人口等消費者的需求，汽車內部設計會變得更多元化。
5. 因為開發了可以跑 100 萬英里（約 160 萬公里）的電池，所以永遠不需要換電池。
6. 駕駛人減少；交通事故死亡率下降；節省每年因事故所需的 5,000 億美元醫療與維修等相關費用；逐漸不需要汽車保險業。
7. 占了零售業 10% 的洗車場、租車中心、加油站等汽車相關產業會消失。
8. 店面位置的重要性下降。因為只要搜尋就可以找到店家，知名地標周圍的租金將會下滑。原本當作停車場的用地將被重新開發，創造出新的效益。
9. 政府會損失 50% 的汽車相關稅金，並尋找新的稅收方式。
10. 人們不再需要考駕照，政府相關汽車部門大幅縮減，交通警察也縮減。

現在阻礙自駕車商業化的最大問題，在於自駕車必須先做好全球標準駕駛指南、管理、法規制定。自駕車會和 5G、人工智慧、機器人學、道路與城市建設、物聯網與晶片及感測器等許多技術連接在一起，要做到上述的事並不容易，不過現在已經有國家開始推動相關法律的制定了。

在這種情況下，很晚才投入這產業的中國，卻以特有的產業推動能力跑到了前頭，中國的自動駕駛相關管理法案與制度會如何制定也是國際極為關注的事項。如果自駕車市場是由美國與德國主導的話，我們則必須關注他們將在中國進行什麼樣的投資，以及中國又會如何接受外國技術。

2030年，夢想列車——超級高鐵實現

超級高鐵（Hyperloop）是在真空隧道中塞入小型膠囊，可以在無空氣阻力下高速運送乘客的創新交通技術，一般是 28 人座，時速可達 1,200 公里。當這技術實現時，人們將能夠在 35 分鐘內從洛杉磯移動到 560 公里之遙的舊金山。此外，和鐵道建設相比，超級高鐵的建設成本相對較低。超級高鐵與電動車、自駕車一起被視為「二十一世紀三大交通革命」，因此備受關注。

世界級企業家兼未來學投資者伊隆．馬斯克（Elon Musk）投資的交通建設公司「無聊公司」（Boring Company）是超級高鐵領域的先驅。無聊公司在 2018 發表了要建設超高速真空隧道連接芝

加哥市中心與歐海爾機場的交通系統開發計畫，在這之前，他們也已經在洛杉磯鑽了隧道，並且在實驗中成功以時速 100 公里行駛。

根據無聊公司表示，這項計畫是建設新世代交通系統，他們將在芝加哥市中心與歐海爾機場之間以磁浮方式建設真空隧道，並預計用 16 人座自駕車以時速 160 公里於 12 分鐘行駛 29 公里。儘管洛杉磯完成的測試已經可達到時速 200 公里，實際上仍會以時速 100 公里行駛。無聊公司的存在讓原本懷疑超級高鐵技術的業界無法再將其視為幻想的技術。

無聊公司除了在芝加哥的計畫，還公開了連接馬里蘭州巴爾的摩與華盛頓特區的詳細計畫，現在正和美國運輸部共同進行計畫審查。此外，他們也曾發表了 30 分鐘內貫穿美國東部的紐約與華盛頓（330 公里）的建設計畫。

2013 年馬斯克首次公開了超級高鐵的概念後，掀起了許多科學家與未來學家的關注。為了解決城市嚴重的交通堵塞問題，很多大學與公司都投入了研究。2015 年，麻省理工學院的超級高鐵開發團隊公開了膠囊高鐵的原型，現在德國與荷蘭各大學也在這項技術研發上出現了可見的成果。在這項研究的加持下，創設於矽谷的 Virgin Hyperloop One 公司與超級高鐵運輸科技公司（Hyperloop Transportation Technologies）等新創公司不只在美國，還在亞洲、歐洲、沙烏地阿拉伯地區推進超級高鐵的建設，目前有 20 多國正在投資這項產業。由此可知，超級高鐵不僅能在美國某特定區域建設，還可以在全世界發展。

專家們認為超級高鐵技術商業化之後，其速度、燃料效率、建設成本等優勢會快速取代現有的高鐵列車技術。美國在超高速磁浮列車技術上比不過德國、日本，甚至落後中國，所以現在正以集中開發新世代超級高鐵的技術為策略，試圖改變海外技術競爭版圖。

當然，目前有一部分技術專家指稱超級高鐵技術尚未完成穩定性檢查，所以到商業化前還有一大段路要走。不過，大部分的專家評價超級高鐵將於在往後十年在技術創新與交通文化上掀起超越想像的影響。

〔2020年必須關注的事件2〕

5G 的融合、進化、商業化

超高速行動網路的商業化

韓國是全球最早將第五代行動通訊（5th Generation，5G）提供給一般民眾手機使用且商業化的國家，其實早在 2018 年時，韓國就曾開通給企業使用的 5G 服務。或許有很多人認為 5G 只是「比 4G 稍微快一點」的技術，其實 5G 不只是這樣的技術，而是即將引領整個社會產生變化的原動力，也是眾所期盼的國家基礎建設最佳化所需的先進技術。

比起現有的第四代行動通訊（LTE），5G 能夠超高速地傳輸龐大的數據，可以說是同步連結所有事物的第四次工業革命核心基礎建設。5G 超高速、超可靠度和低延遲通訊、超連結特性，估計能在許多產業中創造出各種可能性。5G 若與各種產業融合，將能打破不同產業之間的隔閡，進而融合彼此的特性。更重要的是，如果 5G 能夠更穩定地與自動駕駛、物聯網結合，我們就更有可能實現終極的智慧城市。

正式開跑的全球5G競賽

除了韓國，美國、歐洲、中國、日本為了快速進入 5G 時代、推廣 5G 服務，正在不斷地推動更多的頻譜。

歐盟的目標是各會員國裡至少要有一個大城市提供 5G 服務。目前，英國的三大通訊公司已經投資了超過 20 億英磅在開通 5G 服務上，因此很有可能是歐洲最早建設 5G 服務的國家。

在 5G 競賽中，美國也正在急起直追，除了發表 5G 加速計畫（fast plan），美國總統川普也曾宣布「2020 年美國將成為全球擁有最多 5G 頻譜的國家」。

日本則是將東京奧運視為 5G 商業化起點。為了擴大 5G 範圍與創造新的服務與產業，日本政府正在推動區域型 5G（Local 5G）頻譜配給。

與韓國、美國一起引領著 5G 競賽的中國，目標也是在 2020 年完成全國商業化。為此，中國政府正在推動各種相關政策，甚至曾發表他們已開始著手 6G 的研發。

韓國政府也在 2019 年 4 月發表了「創造 5G 新產業與服務的 5G+ 策略」，計劃投資超過 30 兆韓幣打造全球最頂尖的 5G 環境。

5G將如何改變我們的生活？

5G 的核心是服務。未來，人們必須連上 5G 才能使用 VR（虛擬實境）、AR（擴增實境）、物聯網、自動駕駛、醫療服務、娛樂等一切服務。

- **VR 及 AR**：我們最先可以思考的是最近廣告經常宣傳的 VR 及 AR 直播、全像視訊電話等。VR 及 AR 都需要大量的數據，因此高速傳輸會是個關鍵。另外，在與現實無差異的 VR 或 AR 裡，我們將能親自製作與人互動、體驗的內容，所以也有可能實現提高孩子學習興趣的遠距教育。

- **自駕車**：5G 與各領域的融合當中，最具代表性的就是使用車聯網（V2X）的 5G 自駕車。在 5G 時代，自駕車可以一邊行駛一邊與周遭的車交換數據。因為要能讓車輛間可以即時通訊，5G 的傳輸速度對自駕車來說非常重要。舉例來說，時速 100 公里的汽車 1 秒可移動 27 公尺，即使自駕車使用了現在的 4G 技術，還是會因為 0.03 秒到 0.05 秒的延遲時間，所以在感應到有障礙物時再往前行駛 1 公尺才會啟動剎車；而 5G 技術的延遲時間僅 0.001 秒，當感應到有問題時，只要行駛 2.7 公分就能啟動剎車。現在，中國是最有可能實現車聯網商業化的國家，中國政府也正在與通訊公司、設備公司合作進行測試。

- **智慧工廠**：5G 時代的製造業將會全面利用 5G 的超高速、超可靠度和低延遲通訊、超連結技術，其中又以工業控制系統會相當需要超可靠度和低延遲通訊。智慧工廠在開發、生產、流通、物流等整個製造過程將透過連結無線通訊而自動化，掀起製造業的革命。

- **物聯網**：5G 時代會大量出現連接通訊網路的各種物聯網產品，像是搭載通話功能的 Google 眼鏡、可以無線通話的無人機，預計會有很多我們從未見過的物聯網產品與服務出現。如果這項技術應用在鞋子、襯衫等可以穿戴的東西上，健康管理領域估計也會有很大的成長。還有，如果能減少延遲速度（反應時間），就可以在很短的時間內傳輸更多的數據，也能同時控制多個裝置。因此，不少國家將 5G 物聯網時代設為藍海策略，並積極投資中。

用5G改變產業未來

除此之外，5G 以 2020 年為起點，將會大大影響金融、農業、醫療、運輸、教育、娛樂等所有領域，並且不斷進化。接著將介紹未來學家傅瑞（Thomas Frey）所預測的 5G 會為我們日常生活帶來的各種變化。以下的例子有些正在實驗中、有些正在特定的規模之下運行中、有些則是會以令人難以想像的方式發展。

- **農業**：現在的農業正站在數據革命的最前線。未來可以即時監控及分析農作物、土壤、收穫量等，並且將使用可以讓農夫知道農作物的疾病狀況、針對天氣變化提出警告的巨集警告系統。為了感應突發狀況，AR 農作物監控系統也將逐漸成熟。未來採收的大部分農作物將會標上日期、生產地區、化學成份，並透過區塊鏈資料庫盡可能提供給消費者最詳細的資訊。

- **醫療產業**：偏鄉地區的病人要去醫院往往要辛苦地長途跋涉，像這類的問題會因為 VR 醫療普及化而解決，醫生們可以使用遠距家訪診療系統看病、開處方籤且利用區塊鏈將病人的紀錄加密化，並在數秒內傳送完龐大的數據資料。以後，還能使用全身掃描儀透過即時全像投影方式確認術後狀態、心臟、肝、消化系統的健康。另外，人工智慧的穿戴式健康感測器會變得更精確、更普及。

- **保險產業**：5G 技術可以為企業提供即時的機率曲線，也會改變過去沒什麼獲利的微型保險。此外，可以根據狀況隨時透過風險評估系統進行即時監控，也能使用無人機掃描儀並快速處理發生理賠的事故現場。未來還將能透過特別設計的無人機，在數分鐘內完成對顧客進行訪談、損失分析、保險理賠支付。

- **娛樂產業：**VR 已經在逐漸改變娛樂產業，未來預計會更上一層樓。體育場般大小的全像投影顯示器可以製作出全新的藝術體裁，而可以確認全球城市即時消息的直播方式會形成龐大的市場。使用巨集投影系統（Macro Projection System）可以將運動場、地區、整個城市變成直播的表演藝術場所。最後，電子競技會成為世界上最大的運動產業。

如上所述，5G 的未來永不止步，即將為產業、工作、生活帶來全新的變化。再更進一步探討的話，預估在 2030 年商業化的 6G 通訊技術會比現在使用的 4G 服務快上 100 倍，到時所有人與事物會連接在一起，「萬物相連」的時代也將來臨。

〔2020年必須關注的技術1〕

促使農牧業消失的新食品技術

食物即軟體

最近韓國因為非洲豬瘟肆虐而困擾不已，飼主必須撲殺好不容易養大的豬，消費者則因為豬肉價格爆漲而無奈地關上荷包，所有人一起經歷著艱苦的時期。實際上，這樣的事並不是第一次發生，以前也有口蹄疫、禽流感、狂牛症等，而這些經常發生的動物傳染病，導致了農牧業每年必須掩埋數百萬隻家禽，政府也不得不投入大量預算來拯救產業。

其中，「工廠式家禽飼養」被指控為禽病流行的原因。那麼，如果我們不直接飼養家禽就能生產大量肉類的話會怎麼樣呢？依照生物科技學研發的新食品技術發展現況，大約十年後我們就能吃到由實驗室製造的肉類與動物性蛋白質。我們預測這將有助於完全擺脫豬瘟、禽流感等造成國家重大損失的禽病。

我們幾年前就開始關注不飼養與宰殺牛、豬、雞等動物，透過培養細胞後在實驗室製造人造肉（cultured meat）的計畫。人造肉將可以節省 80%～ 90%以上的土地、水、能源、碳的使用，所以被視為可以取代農牧業的未來技術，目前正備受關注。再深入一點探討的話，我們可以從「精密發酵」（Precision Fermentation，簡稱 PF）技術中預測農牧業會在 2030 年時消失。

曾在《能源與運輸的清潔革命》（Clean Disruption of Energy and Transportation，暫譯）中預測石油、煤、汽車產業消失的 RethinkX 公司創辦人兼史丹佛大學教授托尼・塞巴（Tony Seba），他在最近發表的《食品與農牧產業的革命：畜牧業崩潰的預測》報告裡曾經提到農業與畜牧業的未來黯淡，他指出「取代肉類的技術到了 2030 年時會變得非常先進，而隨著替代品的價格降到低於目前的一半時，乳製品及畜牧業就會崩潰，其他的酪農業等產業也會隨之瓦解」。

實際上，光靠人造肉與精密發酵無法解釋農牧業的崩潰。除了人造肉以外，化學合成、合成生物學、計算生物學、食物即軟體（food-as-software）、營養強化、基因工程學、微生物學、系統生物學、代謝工程學、酵素技術等，許多技術正在引發食品產業的革命。這些技術的詳細內容很難懂，所以我們只探討最具代表性的人造肉與精密發酵技術。

精密發酵技術是將微生物編程，進而生產出複雜有機分子的技術。接著，再透過名為「食物即軟體」的全新生產模型，我們將可以人工生產牛或豬身上的蛋白質，並促使第一級產業的農牧業脫胎換骨成第四級產業。我們現在還和過去一樣，是長期飼養牛或豬並加以宰殺，再分製成「產品」。不過，「食物即軟體」將會先「設計」與「客製化」動物個別的微生物分子，再「製作」肉品與牛奶。不僅肉類，這項技術即使不種稻米也能生產米，這預告了農業領域也將掀起巨大變革。和軟體產業很像的是，食品開發者相當於 APP 開發者，他們將能透過基因編程製造最符合市場需求的食材或食品。

這項技術之所以值得我們關注，是因為它將會巨幅縮減生產成本。在 2000 年這項技術剛出現時，精密發酵的開發與生產成本是每公斤 100 萬美元。後來，因為基礎生物學技術的快速發展，所以現在的價格能夠等比地縮減到 100 美元以下。如果拿更精準的成本曲線來假設，估計到了 2023 ～ 2025 年左右會跌到每公斤 10 美元以下。這意味著到 2030 年左右，精密發酵製作的動物性蛋白質將比原生動物性蛋白質便宜 5 倍，而 2035 年左右時將便宜 10 倍。托尼・塞巴還說「這不是單一技術造成單一領域的崩潰與混亂，而是許多產業同時重疊、強化、加速發展而造成的崩潰」。

乳製品及畜牧業面臨崩潰

我們能預測精密發酵技術，也就是製作代替蛋白質的技術會帶來什麼變化嗎？畜牧業可以說是人類踏入農業社會以來發展最久的產業，現在卻將因為蛋白質製造技術而在未來10～15年內消失。

除了肉類及牛奶，皮革及膠原蛋白也將能用精密發酵技術替代。前述的報告中也仔細說明了畜牧業衍生的膠原蛋白、牛奶、肉類及皮革等相關產業的發展，且隨著品質逐漸改善，以前延續至今的畜牧業與酪農業會一次性地崩潰。托尼．塞巴教授還預測到了 2030 年時，美國的乳牛數量會減少 50%、牛肉市場規模會縮減 70%、乳製品市場會縮減 90%。

這種全新的生產方式會改變我們吃的東西與吃的方法。可能之後我們不再是直接攝取圈養的家禽，而是改吃微生物編程後製成的動物性蛋白質，原先的食物也可能會完全轉變成新的型態（例如能量棒等產品）。接著我們來瞭解一下精密發酵技術會如何使畜牧相關產業崩潰。

- **牛肉產業：**從現在開始到 2030 年，因為漢堡肉、香腸、牛絞肉、牛排等會被用新細胞製成的人造肉取代，美國的動物性牛絞肉市場會縮減 70%以上。人造肉是從動物的肌肉與脂肪中提取細胞培養，所以和動物的構造相同，也能取代現在的肉類食品。最初期版本可以用在需要低品質肉類的濃湯或咖哩，也可以製成漢堡肉，或是做成更多的蛋白質與脂肪。現在，人造肉市場越來越大，肉類市場的崩潰速度很有可能比主流分析家們預期的更快發生（有關人造肉的詳細內容，請閱讀第 4 章）。

- **乳製品產業**：到了 2030 年，美國乳製品中的蛋白質需求會有近 90%是來自精密酵素技術產品。起士、優酪乳及霜淇淋等乳製品也會使用優良又便宜的人造蛋白質。人造牛奶的成本預計會在 2023 ～ 2025 年左右降到與乳牛生產的牛奶成本一樣。先進的精密酵素技術會因為可以提供乳牛的蛋白質也無法提供的營養，反而成為更好的替代方案。例如嬰兒喝的配方奶粉是使用乳牛的蛋白質，如果使用精密酵素技術製造母乳的蛋白質，就可以餵嬰兒喝能夠加強抵抗力且高營養的牛奶。如果蛋白質的消費隨著現代的應對方案而轉變，將導致原先的牛奶產業幾乎無事可做。如果沒有政府大規模資助救濟的話，可預期會出現廣大的破產潮，整個產業很有可能在 2030 年之前崩潰。

- **皮革產業**：精密發酵技術製成的膠原蛋白可以做成新型態的皮革。我們可以透過分子重新編程來減少使用動物皮革，還可能生產任何強度、大小、柔軟、厚度、觸感、美學、質感與耐用性等，按照顧客要求生產的「客製化皮革」。其實，這不是動物皮革產業第一次遭到衝擊，早在二十世紀時，石油化學技術已經使人造皮革普及，並在今天占據了將近三分之二的市場。但是人造皮革有一個缺點，就是無法完美地媲美動物皮革，而精密發酵技術可以製作出與動物皮革一模一樣的皮革，還可以在機能特性等淩駕於動物皮革之上。實際上，精密發酵技術可以生成不只衣服、皮包等使用皮革的產品，還可以造出屋頂、瓷磚等無法使用動物皮革的產品並創造新市場。我們預計在 2030 年之前，非動物性原料生產的皮革市占率將會達到 90%，而含有膠原蛋白的化妝品及食品市場幾乎百分之百會崩潰。

食品技術的成長帶來新的商機

我們該如何看待這樣的畜牧業危機呢？換個方向思考，畜牧業的危機也是轉機。因為精密酵素技術帶來的新興食品產業在 2030 年時可以創造出至少 70 萬個工作機會，甚至在 2035 年前最多可以創造出 100 萬個工作機會。新興食品在各方面都比親自飼養家禽更有效率。首先，因為不用飼養家禽，所以能夠提高土地使用效率到 100 倍；再來，因為不需要飼料，所以能源效率可以提高 20 倍以上；而產品生產時間將縮短 20 倍以上；水資源的使用也可比現在減少 10 倍；最後，因為不飼養動物，美國的溫室氣體（碳排放量）到 2030 年時會減少 60%以上。要是所有的農牧業都不再排放溫室氣體，大幅減少碳排放量，最終將有助解決氣候變遷問題。糧食成本的急速下降會增加消費者的購買，自然也會在其他領域創造工作機會。就結果來看，這項新興食品產業會創造出 1 兆美元規模的全球商機。

因此，精密發酵等創新技術的成長不只跟食品產業息息相關。這類新食品技術將會弄垮畜牧業，卻會與化妝品、健康管理等產業融合，間接推倒產業壁壘。此外，這些創新技術也正不斷地吸引投資、增加研發、並把重點放在降低成本上，這將為市場成長帶來良性循環，在經濟、社會、環境層面也將成為創造利益的決定性角色。

〔2020年必須關注的技術2〕

吞噬一百年石油產業的DAC技術

解決氣候變遷的關鍵技術

解決氣候變遷問題是未來學者與科學家永遠的課題，是超越國家、種族、宗教且關乎全地球村命運的重大事件。目前，有很多與控制氣候變遷相關的嘗試與研究正在進行中，而有一項原本只是概念的技術最近成功了，並且震驚了全世界。這項技術正是從大氣採取二氧化碳後，製作成碳複合材料的「空氣直接採集技術」（Direct Air Capture，簡稱 DAC）。

石油產業在過去一百年裡為地球村的現代化做出了非常大的貢獻。其實，社會所有的間接成本都是建立在石油化學上，石油可以說是會永遠留在地球村的資源。但是，當專家們揭露了危害人類生命的地球暖化與氣候變遷的主嫌是化石燃料後，各國政府正快速地試圖從化石燃料轉換成再生能源，也不斷有國家禁止販售使用化石燃料的汽車，其中大部分的歐洲國家更將目標設在 2030 年。預計到了 2040 年左右，全球將幾乎看不到使用化石燃料的燃油車了。

但是，越來越多人不認為光靠大幅減少化石燃料的使用就能解決氣候變遷問題，或是光靠去碳化（decarbonization）就能阻止地球暖化，因為現在已經有非常多的二氧化碳存在大氣之中，儘管有大規模的造林、海洋藻類培育等可以吸收碳排放的自然方法，成效卻都不怎麼令人滿意。那麼，我們該怎麼做才能抑制地球暖化、解決氣候變遷問題呢？

許多科學家們表示，為了避免氣候變遷帶來的最糟糕影響，我們需要可以「直接採集」大氣中大量二氧化碳的技術，而這項技術將造成石油產業消失，並成為解決地球暖化的關鍵，這也是我們必須關注這項能改變地球未來的 DAC 技術的原因。

改變未來環境與商機來了

「空氣直接採集技術」是能大大改變未來環境與商業的技術。因為它不只是單純地改善地球環境，還能利用空氣中的二氧化碳製成許多產品，請你試著想像一下，未來我們將能採集空氣中的二氧化碳，並且利用它造出塑膠、混凝土及粒料。我們預測這項技術將會展現出驚人的經濟價值。

碳元素是構成地球上所有生物的必要條件，也是製造業、能源及運輸產業的核心資源。從現在開始的十年，從空氣中捕捉碳元素的成本將比開採地底的碳元素（石油）越來越有經濟效益。此外，我們預計在 2030 年時，捕捉及使用碳元素的產業價值會達到 8,000 億美元。

事實上，之前不是沒有二氧化碳採集技術，可是這次開發的技術是可以隨時隨地直接採集大量二氧化碳，還能生產燃料。這項技術正在快速地改變遊戲規則。第一代碳捕捉是使用碳捕捉與封存（Point Source Capture）技術，透過直接捕捉發電廠煙囪排放的二氧化碳，並將之永久埋在土裡。不過，這項技術必須大規模集中興建工廠，所以沒什麼彈性與經濟價值。而 DAC 技術則可以隨時進行採集且完全獨立設置。

最常見的 DAC 技術，是利用巨型風扇吸取周遭龐大的空氣，再過濾並捕捉二氧化碳。它前面有流著氫氧化鉀的鐵架，當溶液與空氣相遇時，溶液就會捕捉二氧化碳。之後，經過化學反應產生碳酸鈣，再將之加熱並合成可使用的燃料，像是能使用於交通工具上的柴油及航空燃油等產品。

DAC 燃料最大的優點，是可以直接使用傳統的化石燃料基礎建設，例如油管、加油站等，這是抑制環境破壞的好方法；此外，它還能使全球燃料成本平均化。請試著想像一下，現在不生產石油而須付出高價購買石油的國家將會如何受惠呢？如果能靠空氣捕捉方式生產燃料的話，燃料就能自給自足，價格還能和石油一樣。此外，DAC 將從根本上重新定義地政學，預計會為不再需要國際石油運輸又國土遼闊的澳洲等國帶來經濟利益。

需留意走在DAC技術最尖端的企業

Carbon Engineering、Climeworks、Global Thermostat 等公司目前擁有最先進的 DAC 技術，這些公司已經從大氣中捕捉了破紀錄的二氧化碳量。根據美國國家科學院（NAS）的報告顯示，如果抽取二氧化碳的價格跌到每噸 100 美元～150 美元以下的話，空氣捕捉生產的燃料將能在經濟上與傳統原油競爭。現在，全球大約有五個空氣直接捕捉計畫在進行中。

- **Carbon Engineering**：總部位於加拿大卡加利，2009 年成立的商業用 DAC 技術公司。他們在加拿大英屬哥倫比亞省有 DAC 試驗廠。這間比爾蓋茲也投入資金的公司，最近完成了規模 6,600 萬美元的 C 輪融資，並聲稱可以捕捉到每噸 94 美元的二氧化碳。他們的目標是在 2021 年時達到每日生產 2,000 桶燃料。

- **Climeworks**：位於瑞士蘇黎世的 Climeworks 公司，利用空氣捕捉的 18 噸二氧化碳供給周遭的溫室種植蔬菜。他們表示一年可以捕捉 900 噸二氧化碳，而捕捉大氣中每噸二氧化碳需要的成本約 600 美元。Climeworks 在接受歐盟的資助下使用 DAC 技術，並建設試驗廠中。

- **Global Thermostat**：位在紐約的 Global Thermostat 成立於 2010 年，是一間獲得民間資金挹注的碳捕捉公司。他們使用可吸附二氧化碳的「胺」（amine）處理過的碳海綿來過濾大氣中的二氧化碳。該公司目前有上至一年 5 萬噸，下至 40 噸的小規模碳捕捉計畫。他們已在阿拉巴馬州亨茨維爾市的試驗廠證明了可以捕捉每噸成本 120 美元的二氧化碳，估計按照規模的大小，還可以捕捉到每噸 50 美元的二氧化碳。Global Thermostat 在展示了大範圍使用的成果後，與可口可樂（Coca-Cola）、埃克森美孚（Exxon Mobile）等大企業合作，開始了碳交易。另外，他們還和石油、天然氣的大企業合作開發技術，開拓 DAC 燃料（DAC-to-fuel）事業。

- **Antecy**：荷蘭公司 Antecy 成立於 2010 年，擁有世上第一間試驗廠，目前正致力開發不使用胺的 DAC 技術。與胺吸附劑不同，Antecy 的無機固體吸附劑具有高穩定性、高堅固性及使用壽命長等優點。另外，該公司所使用的無毒材料可以回收再使用。以目前的成果來推測，二氧化碳捕捉的成本約為每噸 50 美元～ 80 美元。

- **Coaway LLC**：為了解決大氣中的二氧化碳，美國公司 Coaway LLC 使用了獨特的製程，並使用可以處理大量空氣的發電廠冷卻塔。如果能將吸收二氧化碳的裝置包住冷卻塔的出口，就能更快速處理大量的空氣，也能節省成本。

DAC帶來的新富饒時代

繼水資源後，地球上使用最廣的元素是混凝土，它占了現在全球二氧化碳排放量的 7%。往後的數十年裡，全球還會需要相當大量的塑膠及建築材料。不過，如果將 DAC 捕捉到的二氧化碳注入水泥的話，混合物的強度會增強，就能製作成更堅固的水泥。這個方法讓我們不再需要建造永久隔離二氧化碳的地底碳封存空間就能解決碳排放。也就是說，我們可以利用 DAC 技術，以更便宜的成本生產更堅固的水泥。CarbonCure 就是製作這種水泥的公司，目前已獲得超過 900 萬美元募資，該公司正在開發能夠應用在二氧化碳混合水泥的 DAC 技術。

此外，DAC 也可以應用在太空產業。火星的大氣中有 95% 是二氧化碳，它能成為 DAC 最理想的供給來源。為了實現「火星地球化」，我們必須生產出足以供我們居住在火星的燃料、用 3D 列印製作零件及建築材料等，而 DAC 技術可以在所有的生產過程中發揮助力。

由於 DAC 技術捕捉到的二氧化碳的適用範圍幾乎可以無限延伸，所以將能改變全球能源及材料的經濟基礎。雖然石油產業正面臨末日，但我們可以透過 DAC 技術再次迎來富饒的時代。

第 1 章

區塊鏈是改變產業的新典範

與先進技術融合的區塊鏈，重組了各領域的系統

01

全球企業皆在區塊鏈裡尋找出路

2019年，區塊鏈10歲了。過去兩年，社會對區塊鏈的關注越來越多，卻依然還有人不太瞭解區塊鏈，也還有人誤以為「區塊鏈＝加密貨幣」、「加密貨幣＝比特幣」。不過，區塊鏈技術是造就第四次工業革命基礎的技術，也是即將改變未來產業遊戲規則的技術，因為除了加密貨幣，區塊鏈技術可運用的範圍非常廣。

其實，改變早就開始了，有一段時間還在學走路的區塊鏈技術，在過去十年裡發展出了各種型態，慢慢地融入我們的生活，各大企業也紛紛開始在區塊鏈裡尋找未來的出路。

現在，SAP、IBM、甲骨文、微軟、亞馬遜等企業正以一定水準的區塊鏈技術提供一部分的顧客服務。雖然企業對區塊鏈的關注程度不一，但是根據市場分析公司Jupiter Research針對英國前四百大的企業調查結果顯示，有60%的企業回答「正在積極討論是否採用區塊鏈技術或是正在執行中」。

雖然在區塊鏈正式以大眾平台之姿占據現有企業的市場之前，還有許多問題必須解決，不過現在也有一部分的企業與開源社群（Open Source Community）反而將此當作機會。如果仔細觀察區塊鏈這個數位分散式帳本技術（distributed ledger technology，簡稱 DLT）的核心，就會發現商業信用存在著巨大的改變空間。

區塊鏈是智慧產業的巨大機會

區塊鏈最初是為了追蹤數位加密貨幣「比特幣」的所有權而設計的系統，到目前為止也是主要應用於此。不過，區塊鏈的可用性已經超越了加密貨幣，並且正在擴散至所有產業。區塊鏈是「值得信賴又無法變更的紀錄」，能夠追蹤全部有價值的東西，在執行規定時是非常有用的資源。在貨幣交易方面，它能追蹤從電子交易、數位認證、原產地到流通至最後消費者手上的每一個過程。不只如此，它在不動產交易、醫療紀錄管理等需要信用保護的所有領域都能派上用場。

目前我們可以看到有許多使用區塊鏈技術的跨國企業，最具代表的案例是星巴克使用了客人可以追蹤購買的原豆與咖啡等移動過程的區塊鏈。除了星巴克以外，也有越來越多農作物零售公司開始使用可追蹤流通過程的區塊鏈了，IBM 在 2017 年啟用了食品履歷區塊鏈平台「Food Trust」，包括雀巢（Nestle）、聯合利華（Unilever）、沃爾瑪（Walmart）等 20 多家食品零售業及供應商都在使用這個平台。另外，IBM 的「TrustChain」平台可以透過區塊鏈技術，追蹤從挖鑽石到零售的所有過程。

此外，美國運通（American Express）在 2017 年 11 月與加密貨幣瑞波（Ripple）、西班牙桑坦德銀行（Banco Santander）簽訂了共同區塊鏈合作協議，在 2018 年時成為第一間使用區塊鏈處理顧客理賠的美國金融公司。而網路服務公司思科系統（Cisco Systems，簡稱 CSCO）則是申請了追蹤物聯網連接裝置的區塊鏈平台專利。另一邊，全球最大的航空器製造公司波音（Boeing）則是申請到了使用區塊鏈技術的防欺騙 GPS 系統的專利，這項專利可以透過區塊鏈技術防止駭客竄改飛機的 GPS 資料，保障航行時 GPS 的穩定與透明。

區塊鏈不只適用於金融、IT 與流通業，也可以運用在一般製造業。根據日本《日經新聞》報導，三菱電機、安川電機等 100 家日本的傳統製造業預計一同打造生產數據的區塊鏈系統，參與該計畫的企業會共用產品設計的相關數據、生產設備現況、品質檢驗等資訊，盡可能降低數據外流的風險與節省營運相關成本。

當然，區塊鏈要跨越過的障礙還很多。目前仍在發展的區塊鏈技術，若想成為大眾所接受的商業模式，還需要更多的基礎建設。不過，這技術擁有改變企業的商業模式與整個體系的潛力也是事實。如前面我們看到的，無論規模或行業都會被它影響。

區塊鏈技術也和其他新技術一樣，可以使用的東西與相關技術越多的話，越能更快擴展開來。區塊鏈技術會以什麼型態與金融、流通、不動產、醫療等各種產業融合？傳統產業會受到什麼影響？接下來會詳細說明，也會探討它日後的發展方向以及可能遭遇的變化。

02

金融：區塊鏈將改變銀行的角色

區塊鏈會如何改變現有的金融勢力——銀行呢？區塊鏈改變了人們接觸資訊的方式，並打開了全新的大門。而且，它不需要向協力廠商支付手續費就可以與當事人進行交易。為了在數位世界裡進行交易，使用者之間必須建立基本信用。到目前為止，值得信賴的協力廠商（銀行、證券公司等）在數位世界裡擔任著中央院長的角色。可是，區塊鏈消滅了所有數位交易中的中央院長，並透過網路以及認證的分散式帳本技術，讓人無法遠端竄改數據。因此，基於人們對數據的信賴，即使沒有協力廠商，當事人之間也能進行交易。區塊鏈有節省成本、低風險、即時交易的優點，所以經常被使用在金融科技產業上。

那麼，個人之間透過區塊鏈進行的直接交易會讓原本的協力廠商（銀行）消失嗎？答案是「並不會」，金融業反而會因為區塊鏈而享受到更多好處。這是因為原本的金融交易過程複雜又有風險，所以要花很多成本。但是使用區塊鏈的話，可以縮短交易時間與成本、即時防止詐騙，人們可以從中獲得許多好處。如果再加上資料分析流程（Analytics Process）技術，可以增加有系統的保安數據層級，提供無法竄改的安全數據與完美分析，也能改善數據分析的功能。它還能即時辨識有風險或詐欺可能的交易並馬上進行追蹤，從源頭防止詐騙，取代原本金融交易時發生詐欺或錯誤後銀行才進行分析的方式。

除此之外，以下幾個例子也可以讓我們知道區塊鏈將如何改變現有的金融市場。

保險處理的自動化與簡便化

繁瑣的理賠申請過程、保險詐騙、資料錯誤、保險金給付延遲、使用者被拒於門外的政策等，保險公司本來就有許多讓顧客感到不滿的事情。如果區塊鏈的分散式帳本技術應用在保險業，所有申請理賠的客人就可以共用、監控與管理帳本，也能讓理賠過程更透明地被檢驗。保險公司也可以提供對投保人來說更便利的追蹤保險金給付等服務。

更快更簡便的國際匯款

我們往國外匯款時會發生的最大問題，是國際匯款系統非常慢，再加上成本高、容易發生錯誤、不容易追蹤，因此常常有人利用國際匯款來洗錢。因此，這種匯款方式非常需要與區塊鏈合作。歐洲最早將區塊鏈技術運用在匯款系統的是西班牙最大的桑坦德銀行，為了能讓銀行間簡便地匯款，他們與加密貨幣瑞波合作，推出了使用區塊鏈的外匯交易服務，透過一款叫「One Pay FX」的外匯支付應用程式，原本要花三到五天的國際匯款能壓縮到二十四小時內完成。

確保供應鏈及金融貿易的透明度

現今的金融貿易特徵是使用紙張、勞動密集、時間密集，是無法改善效率的代表性領域。可是，自動化的智慧契約及區塊鏈可以改變金融貿易。因為供應鏈涉及分布全球的複雜問題，所以需要像銀行一樣值得信賴的仲介，而使用區塊鏈進行智慧契約的話，即使不用支付仲介（銀行）手續費，也可以自動送出所有東西或金錢，除了有助於建立值得信賴的網路，還能保障供應物品的信賴度與流通。

強化遵守KYC的規定

大部分的金融機關為了保護顧客而有必須遵守當地監管機關制訂的規則並向其報告之責任。這個規則就是「認識你的客戶規則」（Know Your Customer Rule，簡稱 KYC），金融機關使用這個規則後，在販售商品前，必須先瞭解顧客的財產規模與投資型態等顧客的情況。問題是，因為沒有自動識別顧客的系統和整合程式，所以要花上許多時間。現在的 KYC 程式為了符合當局機關的要求，經常要花上幾天到幾週的時間。然而，區塊鏈可以提供單一的數位 ID 資訊，有效率地監控整個流程與簡化程式。另外，有人想要偷偷直接讀取共用帳本的話，它還可以縮減原本金融機關在識別詐騙與追蹤上所花的大量時間。這也有助於減少時間與成本，以及依法保護個人隱私。

金融機關及中央銀行在引進區塊鏈技術的初期時，社會大力地批判了這個新技術，不過這是因為區塊鏈技術提供金融產業去中心化及匿名性，更顯得現今中央化的金融系統效率低落的緣故。

我能理解社會大眾對銀行的區塊鏈感到緊張與害怕的原因，但事實上現在的我們無法抵抗時代的變遷，因此現在有很多中央銀行接受了時代變遷，並且為了使用區塊鏈技術而進行著各式各樣的實驗。不只是銀行，其他金融科技技術公司早已為了追蹤所有交易，而一同使用大數據分析與區塊鏈技術。根據位於瑞士巴塞爾的國際結算銀行（Bank for International Settlements，簡稱 BIS）2019

年 1 月的報告顯示，全球有 40 間以上的中央銀行正在研究、測試央行數位貨幣（Central Bank Digital Currency，簡稱 CBDC）及區塊鏈的其他應用程式。

目前，區塊鏈正因為可以即時分析與追蹤、監測任何不當的行為、解決金融業長久以來被人垢病的問題而備受矚目。簽約變得更簡單、匯款變得更快速、交易變得更透明，可以更安全使用金融服務的世界離我們越來越近了。

03

供應鏈：增加對流通與貿易的信任

根據美國聯合市場調查公司（Allied Market Research，簡稱 AMR）的報告顯示，全球區塊鏈供應鏈市場規模預計在 2025 年前突破 100 億美元，其中零售業將會為市場利潤帶來最大的貢獻。世界經濟論壇（World Economic Forum）也曾說過類似的話：「未來的供應鏈和我們現在所熟知的幾乎會一模一樣。不過，我們能預料到它將帶來廣大的變革，促進更好的意見交流、提高系統韌性及經營效率的品質。」

像是為了證明它的潛力，從政府機關到跨國大企業、新創企業為止，皆開始把區塊鏈使用在各種用途上，主導著供應鏈的創新變化。所謂的創新大致上分成三點：產銷履歷、全球供應鏈營運的合理化、反貪腐及人道主義救援。

確認產品來源及追蹤流通的功能

區塊鏈是最適合追蹤食品流通過程的系統。從原產地到運送給顧客的所有過程，賣家可以追蹤各個商品的狀況。因為區塊鏈可以讓我們隨時知道物品現在在哪裡、從哪裡來，所以可以保障安全與遵守規定。舉例來說，當有一家供應商提供的商品出現瑕疵時，不用從市場上回收幾千個沒問題的商品，而是可以使用區塊鏈找出有問題的產品並進行回收。

我們回想一下 2018 年 11 月造成美國 210 人染病、5 人死亡的蘿蔓萵苣生菜遭大腸桿菌汙染事件。雖然不是美國生產的所有生菜都有問題，但還是大範圍地回收了它們。零售商們必須拋棄運送到全國各地的幾百萬公斤生菜，消費者也無法吃到生菜等綠色蔬菜。在結束數週調查後，美國食品藥品監督管理局（FDA）表示出問題的生菜是加州在 12 月 6 日前生產的生菜，而這時才採取相關的後續措施。如果那時使用區塊鏈系統的話，狀況應該會變得不一樣：像是沃爾瑪這種零售商可以馬上識別出從感染地區來的商品並拋棄庫存，持續販售無大腸桿菌汙染的商品；消費者也不會因為害怕而不敢吃生菜。

這種「信賴」的問題不僅限於食品。消費者在購買鑽石等名牌或汽車零件時，經常為了辨別真偽而焦頭爛額。如果我們透過時間戳（timestamp，區塊的產生時間），就可以知道商品從獲取原料到放在賣場貨架上的所有過程呢？從產品製作到完成為止，能讓人確認整個過程的話，就可以提高產品穩定性、減少詐騙、預測業界發展及提升合作計畫的準確性等各種益處。這方法早已在各地方進行中，像是全球知名品牌 LV 的總公司 LVHM 已開發了可以辨別品牌真偽的區塊鏈平台「AURA」，並投入營運系統。一旦啟動 AURA 系統的話，從處理皮革的工廠到製作過程、移動路線為止，產品製作與銷售相關的所有資訊都會記錄在區塊鏈上。當消費者購買 LV 包包時，就能輕鬆確認是否為正牌貨。即使是限量版產品進到了轉售市場，消費者也能輕易辨別真偽。如此一來，不但可以防止盜版侵權，也能維護品牌的評價。

全球供應鏈營運的合理化

金融貿易使用區塊鏈的話，可以變得更有效率。通常國與國之間的貿易交易要耗費多日，在供應鏈上移動的產品也需要經過數百人的手，穿越國境、跨過大海，而這時我們無法即時確認貨物的狀態，所以每當發生貨物不見或受損時，經常會有責任歸屬的糾紛。另外也因為程式上很多部分是經過許多人之手，所以很難整合全部的數據。

不過，如果使用區塊鏈的話，原本至少要花上十天的跨國匯款就能縮短到一天內完成，所有的貿易過程都可以數位化。各界人士也可以讀取數據與文書，這不僅能提高營運的效率，還能解決經手多人的責任歸屬爭議。

實際上，區塊鏈也可以說是「無紙化貿易」（paperless trade）的關鍵。香港上海匯豐銀行（HSBC）推出的金融貿易區塊鏈平台「Voltron」就是一個很好的例子。從開立信用狀到貨運單據，Voltron是一個將現今大部分人工處理的交易文書數位化的區塊鏈平台。使用這平台的話，人們可以即時確認交易狀況，一般要花上五至十日的交易時間也能縮短至二十四小時內，在節省成本上也有很大的成效。

原本的系統是在交換或移交商品時，交易相關所有當事人必須簽署的實體文件，這種方式會發生偽造簽名的問題，或是無法簽名時造成交易不得不延遲。但是金融貿易使用區塊鏈的話，就可以取消所有的書面文書，又能大幅改善交易速度與過程。

防止貪腐及人道主義救援

區塊鏈不只向全球難民提供援助，也被用於其他人道目的。因為所有慈善交易都是以無償交易為基礎，所以交易網的參與者之間很容易發生貪腐，而區塊鏈可以成為幫得上忙的技術。

假設現在有一個人用非法手段試圖從捐款中偷走10%，就算「交易」可能會成功，但是要想刪除分散的紀錄是不可能的，這就是區塊鏈的特徵，而因為不可能竄改及變更紀錄，該團體就會發現這件事，所以錢不會轉給意圖盜取者，甚至可以追蹤、監控盜取者。現今社會爆發了幾起慈善團體貪汙事件，導致大眾已嚴重認為捐款都不會到達最終弱勢群體手上。那麼，如果使用可以完美追蹤支出與交易的區塊鏈，就有可能根絕慈善團體內部的貪腐。

事實上，世界糧食計畫署（World Food Programme）早已在約旦的阿茲拉克（Azraq）難民營進行這個實驗。世界糧食計畫署一直以來是發禮券給難民們，資助他們購買必需品，但是這種方式需要有中間人（慈善團體），在發放的過程中經常會發生負面問題。不過，世界糧食計畫署現在進行的區塊鏈試驗專案（Building Blocks pilot）不需要中間人，難民們經過虹膜辨識等方法確認身份後，就可以使用區塊鏈技術查閱金額，馬上購買必需品。

從日常用品到金融貿易，區塊鏈已經做好提升我們交易方式的準備了。如果現有套用區塊鏈的程式越來越壯大，一定會有更多領域的企業獲益。當然，在那之前它需要相當大的投資，但是距離我們擁有即時性、共用經營、可信度與完整性的供應鏈的那天也不遠了。

04

貨幣：挑戰政府權力的臉書貨幣 Libra

最近全球最大社群網站服務公司臉書的加密貨幣「Libra」震撼了全球貨幣市場。臉書在今年 6 月 18 日宣布將與萬事達卡、VISA 卡、Uber 等 27 家公司一同發行加密貨幣 Libra。

Libra 的出現吸引了全球目光的原因是，因為它與比特幣這類加密貨幣不同，它將可以讓使用者進行資產轉移，也就是可以用 Libra 支付 Uber，也可以在 ebay 上面買東西。PayPal 也加入了合作，這將會增加更多可以使用它的地方。這件事被評價為向政府壟斷的貨幣發行權進行全面挑戰，甚至還促使美國國會召開了聽證會，而臉書與美國當局的衝突結果導致 Libra 延期發行（本來目標是在 2020 年上半年發行）。但是，8 月時臉書舉行了抓漏獎勵（Bug Bounty Program，在產品上市前公開讓駭客檢查自家軟體，如有漏洞或問題，便給予舉發人獎金的制度。臉書在這活動中提出最高 1 萬美元的獎勵），不久前他們公布了首版產品路線圖，這表示 Libra 的發行即將到來。

像這樣，政府不管怎麼阻攔也阻止不了，金融數位化已是時代的巨流了。這個問題遲早會再次浮上水面，臉書只是起了頭而已，其他企業很有可能會接著加入。我相信臉書的加密貨幣具有經濟利益，不過當然也有潛藏的缺點。

Libra的優點：全球25億人口使用的國際貨幣

現有的加密貨幣不能綁定實質資產，所以它每天的價格起起伏伏，也變成了投機客炒作的手段。而 Libra 的特點是它會與銀行儲蓄、債券等實質貨幣價值一起連動，百分之百可以當作資產，所以 Libra 不會有劇烈的價格變動。此外，因為被認定為國際貨幣及資產，所以它不會像匯率一樣受國家的局勢與政策影響。

Libra 第二個經濟優點是臉書大約有 25 億使用者，這能減少全球跨國匯款的成本。全球到處有著許多旅行家與移民人口，他們往別的國家匯錢時，往往需要支付昂貴的手續費。那麼，如果身處不同國家的 25 億人口都使用同一種貨幣的話，會發生什麼事呢？臉書一發表 Libra，美國跨國匯款服務公司西聯匯款的股價馬上下跌，可見人們對於 Libra 有多麼期待。

由實質資產作支持的另一個效果是，這有助於降低通貨膨脹的風險。諾貝爾經濟學獎的得主經濟學家海耶克（Friedrich Hayek）曾主張，如果可以選擇不是政府發行的錢，而是像 Libra 一樣的各種「私人貨幣」的話，那麼所有人都可以過得更好。海耶克還曾說過，因為人們只會使用價值最穩定的貨幣，所以發行私人貨幣是消滅這世界通貨膨脹的路。反過來思考的話，也不難理解為什麼那麼多家中央銀行拚死阻擋 Libra 上市，因為一旦 Libra 吸收了現有法定貨幣、擴大流通性的話，那麼現在的貨幣政策將很難控制失業率或通貨膨脹。

Libra的缺點：沒有現金的社會很危險

Libra成功的話，會導致更多的國家加速成為沒有現金的社會。像是祖克柏這類一小部分的人可能會贊同這樣的結果，但是沒有現金的社會存在著兩個很大的缺點。

第一點是貧困人口、老人、非經濟活動人口會遭到排擠。儘管每種加密貨幣的交易價格會再降低，但是人們為了參與數位社會，仍然需要各種大量的開銷。首先，想要使用 Libra 的話，你必須要有「智慧手機」與「網路」，這兩樣都需要定期支付費用與手續費。費城、舊金山以及紐澤西州因為擔心會出現被數位社會剝奪權利的階層，而通過了禁止無現金支付商店的法案。

第二點是沒有現金的社會可能會造成一個國家的經濟全面混亂與脆弱。因為沒有現金的社會會受到穩定的電力供給、二十四小時不斷的通訊網路及高強度安全措施的絕對影響。當有一方發生停電、被駭等問題時，整個數位交易停擺的風險就會很大。最近阿根廷、烏拉圭、巴拉圭發生了全國電力中斷的南美大停電事件，有 1 億人因為好幾個小時的停電而做不了事，有些地區甚至一整天都沒有電可用。美國有部分地區也發生過同樣的事。這些導致電網中斷的軟體病毒或是意外，對依賴電力的人們來說是致命一擊，更有讓無現金的經濟體系死亡的風險。

企業貨幣的出現，新貨幣戰爭開打

Libra 的未來究竟會如何呢？究竟矽谷會把銀行吞了嗎？祖克柏會幫助數十億的人嗎？現在 Libra 的發行被無限延期了，看來只有時間會告訴我們答案。不過，可以確定的是在超連結社會裡，擁有最大網路的群體，也就是擁有最多人的團體、組織、企業，他們會擁有最大的優勢。「人口即國力」這句話也適用於二十一世紀。

2019 年新貨幣戰爭就這樣揭開了序幕。到目前為止，貨幣是兩大巨頭的戰爭：「國家的錢」對抗「人民的錢」（people's money），或者該說人民的錢就是加密貨幣。當然，至今雙方的較量可以說是一隻巨大的恐龍殺死一隻蚊子的程度，實力相當懸殊。但是有一天，天上突然掉下一顆叫 Libra 的巨大殞石，引發了劇烈變化。因此，現在變成了三方的戰爭：國家的錢、人民的錢以及企業的錢，誰會成為最終贏家，全取決於我們的選擇。

我們還要再留意的一件事是，臉書的 Libra 只是一個開始而已，早已經有許多企業預告了要發行企業貨幣。接下來的一軍打者是 Google、蘋果、亞馬遜、Netflix、微軟等，而二軍的科技企業有推特、Uber、Airbnb 等正在排隊。預計亞馬遜馬上就會投入市場並搶占優勢，雖然亞馬遜支付的副總裁派翠克（Patrick Gauthier）說：「兩到三年後再談會更好。」但是亞馬遜已經在經營自我管理型的區塊鏈服務了。另外，亞馬遜開發了一款可以用於開發區塊鏈應用程式的完全管理型分散式帳本資料庫「QLDB」（Amazon Quantum Ledger Database）。因為亞馬遜比其他公司要擁有更廣大的顧客群，所以非常適合進軍加密貨幣市場。臉書的 Libra 與沃爾瑪的穩定幣（Stable coin）的伺機待發，可能會讓亞馬遜也跟著投入加密貨幣。

要打？還是加入？

雖然有眾多的反對與障礙導致 Libra 暫時中止，但是 Libra 很快就會上市，終究只是時機點的問題而已，未來會證明我們將進入最快、最方便、最安全、最讓消費者滿意的企業貨幣時代。若是迎來了政府力量變弱、企業力量變強的時期，錢將變成萬能，貧富差距可能成為最大的社會問題。像 Libra 這類企業貨幣最可怕的地方，是它一大紅大火起來就無法回頭。未來，當 Libra 衝進我們的日常生活且人們開始習慣的話，便無法再放棄它。英文諺語中有一句「打不過就加入吧」（If you can't beat them, join them），我們最後也會不得已地加入以高速前進且帶來威脅的 Libra 聯盟。

05

醫療：製作病人自主管理的數據系統

全球醫療界在病人資訊的管理上正遭遇困難。為了給病人最合適的治療，醫生、醫院、藥局、保險公司需要各式各樣的數據，可是病人的醫療紀錄分散在各醫院的電腦裡，還有一部分是以泛舊的紙張存檔，甚至沒有經常更新；或是即使換了處方或拍攝最新的X光，醫療機關之間也無法共用。在這情況下，最大受害者正是病人們。

那麼，有沒有可以快速更新病人的醫療紀錄、防止竄改與外流，又能輕鬆與全部醫療機關共用數據的安全管理方法呢？有的。現在美國主要的醫療保險公司們已經開始研究將區塊鏈技術應用在醫療系統上，聖路易士大學法學院衛生法學研究中心也正致力研究使用區塊鏈技術來解決現今醫療產業不易管理醫療紀錄的問題。

解決醫療數據管理難題的區塊鏈技術

病人的診療紀錄、檢查紀錄、處方、診斷等等，現在這些紀錄保存在各家醫院的資料庫或紙張病歷上，這些紀錄可能會出現遺失或有時被醫院竄改的問題，而我們卻無法管理自己的醫療紀錄。如果使用區塊鏈的話就可以改變現有政策，讓病人擁有並管理自己的醫療資料。

使用區塊鏈的醫療紀錄是無法刪除的，也不可能偽造、竄改，只有通過認證的使用者才能更新。另外，它可以安全地維護病人資料多年，輕鬆追蹤到輸入資料時的「人為失誤」，馬上抓出錯誤。而病人自己也可以檢查與更新資訊，還能輸入自己觀察與收集的新資訊，所以要駭入與詐欺相當困難。

2019 年初，美國的五大醫療保險公司為了收集健康數據業者的人口統計資料，而開始使用區塊鏈平台。令人驚訝的是這項合作裡，有哈門那公司（Humana）與聯合健康集團（UnitedHealth Group）這兩間原本互為競爭對手的公司，這意味著他們處理醫療數據的方式在整個醫療界裡正默默形成共識與變化。

歐洲醫療界則是稍微提早了一點使用區塊鏈技術。2016 年歐盟（EU）便與管理個資的公司及大學研究中心合作，在全歐洲的醫療機關打造可以收集與共用病人醫療資訊的區塊鏈平台。瑞典也採用了類似的合作方式，在最近推出了「CareChain」醫療數據區塊鏈平台。CareChain 不屬於任何人，也是不受管制的基礎設施，因而聲名遠播。透過這個系統，公司與個人皆可儲存來自不同地方的醫療數據，開發人員可以開發 APP 與相關服務，並分析使用者的數據，有助於使用者管理健康，也可以讓相關產業開發其他產品。

至於全球最先成為「數位大國」的資訊通訊科技強國——愛沙尼亞，正在運用區塊鏈技術將整個政府 IT 化管理。2012 年以來的醫療數據有 95%以上已完成電子數據存檔，醫療費補助申請與開處方的資料有 99%完成數位化。

幫助所有病人與醫生的區塊鏈平台

區塊鏈對醫療產業的各個領域也將帶來貢獻。現在美國疾病管制與預防中心為了應對公共衛生危機，正在開發可以共用威脅性病原體數據與分析疾病發生的區塊鏈平台。另外，在新藥研發與檢驗藥品流程上，區塊鏈也幫得上忙。2017 年輝瑞藥廠（Pfizer）與其他製藥公司曾共同發表將進行使用區塊鏈技術的「MediLedger」計畫，這計畫是使用以太坊（ethereum）打造可追蹤假藥到維護醫藥品供應鏈的區塊鏈平台。而今年 6 月沃爾瑪也加入了這個聯盟，加入的同時 MediLedger 也開始進行追蹤與檢驗藥品來源的系統測試。

醫療界也與其他領域一樣，正期待著區塊鏈被廣泛使用。美國與歐洲醫療界正在進行的各種實驗為韓國醫療界帶來非常多啟發，但是韓國醫療界對區塊鏈技術的環境並不友善，所以要使用還有很多困難要跨過。

06

不動產：節省時間與成本的智慧交易

不動產是個歷史悠久的產業，但是當遍地都是網路與智慧手機，以及不動產買賣的各種平台接續出現時，不動產交易方式卻依然跟不上時代的腳步。由於交易時要準備很多資料，再加上簽約本來就很複雜，如果沒有不動產仲介的話會很麻煩，就算想要自己親自處理交易，也會因為自己是沒有符合相關法規與專業的一般人，而有被詐騙或偽造文書的風險。現在網路付款與交易在不少領域已成常態，可是在與不動產相關的事情上，人們還是偏好透過仲介處理的傳統方式。

不過，區塊鏈可以為不動產界這樣的工作方式帶來革命，如果使用區塊鏈技術，許多手續都可以自動化處理，尤其是金錢交易相關的手續。而交易參與者們可以監控這些手續，從頭到尾不需要協力廠商的介入。區塊鏈會按照正確順序記錄所有資訊，並且無法竄改與偽造。其實早在兩年前，不動產交易市場就陸續出現了不少使用區塊鏈的公司，我預測這趨勢會加速成長。如果你計劃架設不動產網站、APP 或平台的話，一定要考慮區塊鏈軟體的整合功能。

為不動產交易帶來安全與透明的區塊鏈

至今為止的不動產交易方式有幾個不穩定的原因，第一個是詐騙風險高。無論是用紙張或是數位方式的一般契約，都很容易遭到有心人士偽造。第二個是要製作太多資料以及相關的成本。第三個是有太多的仲介了，有時不動產交易過程中會有一位以上的仲介。仲介越多，資料造假的風險越高，不只如此，追加給仲介的手續費也會增加。第四個是不正確的資訊，就算支付了很多錢，人們有時還是很難獲得正確的資訊。有些不良仲介會向租借人提供錯誤的資訊，甚至有很多是一開始就沒有提供完整資訊。

那麼，區塊鏈要如何改善原本的不動產交易與經營方式呢？第一，它可以提高不動產搜尋的準確性與減少成本。過去幾年間，收集與分享全韓國各種不動產買賣資訊的平台與網站如雨後春筍般出現，人們可以在這上面搜尋需要的不動產、租金與物件特性等等。但是，它的問題在於上面的資訊經常不正確，有些人會上傳假的物件或是捏造不實資訊、遺漏重要資訊等，容易出現偽造的事實。然而，區塊鏈的整合會為這些流程帶來革命。如果使用 P2P 網路的話，使用者們就可以交換所有不動產的資料。像這樣提高成本效果有益於不動產部門，也是區塊鏈的最大優點之一。實際上，當全部人都可以免費讀取數據時，就可以節省大量的成本。

第二是可以快速解決法律上的問題。當我們要買賣公寓或建築物時，必須先解決所有相關的法律手續。因為要調查所有相關檔案，以避免營業或租借結束後發生問題，所以可能要聘請專家（像是律師），而這些調查結果多是以紙張形式存檔，有竄改與偽造的風險，費用也不容小覷。然而，區塊鏈可以使用連結數位資料庫的方式來解決這些問題。因為區塊鏈的數據無法從根本上竄改，並且會自動記錄所有檔案，所以能降低資訊的不確定性與詐騙。

第三，不再需要仲介。一般我們要買賣不動產或是租賃時，需要找房產仲介這類專家，所以要支付相當高的服務費用。但是，使用區塊鏈技術的話，所有程式可以自動化進行，不會產生人事成本，因此我們也不再需要仲介。只要出租人與承租人同意使用智慧契約的數位文書，這份文書就會很安全又透明地儲存在區塊鏈帳本上。之後如果發生租金上漲的事時，也可以透過數位方式在網路上輕鬆地更新契約。

第四，保障透明化的交易。原本的契約是由人撰寫的，所以有些不懷好意的人會做出欺騙承租人的不良行為，例如註冊假的物件或捏造不動產所有權等等。不過，將區塊鏈技術應用在不動產契約市場的話，使用者便能監控不動產仲介和物件持有者進行的契約，這樣也能有效防止詐騙問題。此外，因為資訊會個別儲存在區塊裡，所以也能完全杜絕任何不法行為。

如果使用區塊鏈的智慧契約能普及化，就可以大大減少不動產交易時非必要的手續與時間成本，我們也能在高度信賴下進行更透明、更方便、更安全的不動產交易。

07

能源：「生產性消費者」誕生

幾乎所有國家使用集中式發電系統都超過了一百年，不得不這麼做的原因，出自於火力發電廠與核能發電廠是需要花上龐大費用的國家基礎建設。也因此，能源是由國家生產、主導與管制，而企業與一般家庭只能消費。那麼，假設沒有這些龐大的電力公司、集中式發電系統，而是個人之間可以進行能源交易的話會怎樣呢？為此，「能源區塊鏈」誕生了。

能源區塊鏈是打造個人能源交易系統來擴大再生能源的交易，並擁有挖掘未來能源產業的強大潛力。生產者可以將生產的能源賣給其他消費者從中獲益，而且小規模的電力交易使用區塊鏈的分散式系統會比原本的集中式系統更有效率。生產者可以藉由區塊鏈打造出透明的能源交易系統，也可以有效地管理需求。因此，學者之間還將它比喻為「能源界的 Airbnb」。

能源分散化與電力交易系統

現今的能源產業正來到轉換成再生能源的轉捩點。根據2018年彭博的報告，全球73%的發電設備投資集中在再生能源，預計2050年時再生能源會占全部能源的64%。因此，現在的太陽能板、風力發電機以及廉價的儲能電池等再生能源技術變得越來越重要了。

這種能源發展轉換帶來了既重要又不一樣的變化，那就是原本只能消費的人變成了生產者。再生能源與需要大規模建設的核電或火力發電不同，只要設置太陽能板或簡單的模組，一個人也可以生產能源。這種直接生產、販賣與消費的「生產性消費者」（prosumer）可以生產自己所需的能源，再將多餘的能源賣到市場。

現有的能源交易是透過電力公司的電網來販賣生產的電力，並從中賺取利益。可是，個人之間的電力交易不適用與電力公司的電網，只能附近的人們用P2P方式交換電力。然而，如果將區塊鏈運用在微電網（Microgrid，本身也產電的系統），再使用智慧契約的話，就可以實現個人之間的電力交易。

相當具有革命性的能源分散化也伴隨著許多問題。最先遇到的問題是價格，它會對能源價格帶來什麼樣的影響呢？最重要的一點是，生產性消費者沒有集中式發電網路，生產的所有能源要如何「分配」呢？而區塊鏈在這裡可以解決一切。和金融界使用區塊鏈的方式一模一樣，能源交易者之間使用智慧契約來減少複雜的認證程式，交易數據儲存在竄改風險極低的區塊上，使交易透明化。

Power Ledger、WePower、LO3Energy 等公司已使用區塊磁區（block sector），並在能源產業裡掀起變革。這些公司已經開始使用區塊鏈在小地區提供自給自足的電力系統「微電網」、電動車充電、個人售電應用程式等各種計畫。

減少成本以達到能源產業的良性循環

那麼，在這場能源革命之中，傳統電力公司的存在會越來越小嗎？不一定。事實上，有一部分的人很歡迎新的能源分散化。根據埃森哲諮詢公司最近的報告，國營事業裡有 66%的主管很正面看待現在的能源分散化。此外，像是東京電力公司最近也為了拯救產業的衰退與吸引國民加入分散式發電，而引進了使用區塊鏈技術的太陽能與儲能設備。

能源分散化的好處是可以為整個能源界建造出良性循環的結構，而參與使用區塊鏈的分散式發電系統的消費者也可以節省費用。它還可以提高交易網路的透明化，引導市場制定更有效益的能源價格。就結果來看，這樣的新技術會加快市場對再生能源的需求，也能大幅減少所有人的電費。

區塊鏈作為第四次工業革命的主要技術之一，將會為能源領域帶來很大的影響。

必須關注的區塊鏈五大強國

現在實現區塊鏈技術的代表例子是加密貨幣。對於加密貨幣的可行性，到目前為止還是有許多正反意見相互衝突著。實際上，單憑加密貨幣很難判斷世界各國對區塊鏈的態度。不過，有預測指出在 2030 年時，應用在整個工業的區塊鏈技術其附加價值可達 3.1 兆美元，可見產業界會很快速地接受這個技術，所以我們有必要密切關注那些大力投資的國家與城市的動向。現在，全球正如何運用這項新技術？接下來要介紹使用區塊鏈技術、最引人注目的五國。

1. 馬爾他

地中海小島國馬爾他共和國又被稱為「區塊鏈之島」（blockchain island），可說是對區塊鏈最友善的國家。2018 年 7 月，馬爾他議會通過了區塊鏈技術的相關法案，加快了區塊鏈的發展。2019 年 2 月，馬爾他施行了虛擬金融資產法案，甚至還要將大學文憑記錄在區塊鏈上以防學歷偽造。另外，馬爾他總理穆斯卡特（Joseph Muscat）在 2019 年 6 月的採訪中曾提到：「為了強化馬爾他所有不動產契約的安全性，將來會全都記錄在區塊鏈上。」

2. 瑞士

位在瑞士的一個小城市楚格（Zug）因為有區塊鏈時代將至的預感，所以在 2013 年便將城市打造成加密貨幣城市「加密谷」（Crypto Valley），並從 2016 年開始承認比特幣是正式貨幣，讓人民能在生活中使用它來付錢，是全球第一個這麼做的城市。楚格的政策對區塊鏈企業及投資人相當友善，加密谷成立 6 年來有 170 多家區塊鏈公司企業進駐，進行了數百億規模的首次代幣發行（ICO）等，成為了加密貨幣的朝聖地。

3. 愛沙尼亞

愛沙尼亞因為成功地將去中心化與資料完整性驗證應用在行政程式上，所以被評選為完美範例。小規模國家的優點就是可以快速適應世界的瞬息萬變，愛沙尼亞政府從 2002 年就開始使用數位身份證，之後甚至運用區塊鏈打造數位政府系統，目前 99％的行政程式可使用數位身份證進行。愛沙尼亞展現了私有區塊鏈也能在國家政府上獲得成功，可以說是引領區塊鏈創新的國家。

4. 中國

雖然中國現今仍將首次代幣發行視為非法行為，但是政府透過中央銀行進行區塊鏈使用與制訂相關措施方面是最進步的國家之一。目前，中國有數千個使用區塊鏈的新創公司，銀行間也組成了以區塊鏈為主的聯盟。另外在 2019 年 1 月，中國互聯網信息辦公室發布了《區塊鏈資訊服務管理規定》，這意味著政府即將全面支持區塊鏈技術發展。

5. 新加坡

新加坡擁有非常多的區塊鏈新創公司，其中大多數都是擁有高市價總額的加密貨幣公司。因為新加坡鄰近中國、日本，所以可以招攬不少人才，也成了區塊鏈新創公司的創立天堂。目前新加坡有許多間區塊鏈新創公司正積極與中國政府合作。

08

文化內容：業界透明化，創作者成為主角

金融、醫療、能源、供應鏈等領域都在運用區塊鏈，雖然現在還處於證明概念的階段，但是這項技術也可以廣泛運用在藝術上。區塊鏈可以重組藝術家與製作人間的付款程式、保護智慧財產權等，在音樂的商業層面上有無限的可能。

傳統音樂產業也是過度集中，因為程序上經過許多人，所以會發生離譜的製作費分潤、非法複製、延遲付款等根深蒂固、無法解決的問題。如果區塊鏈進到音樂產業，就可以提升散播與保護音樂的方法，藉此解決長久以來的問題。

不合理的文化內容產業

現代音樂產業的商業性變得比其他時代更重要了。專業音樂人創作作品並收取報酬，藉此維生。而消費者購買音樂人作品的方法有購買 CD 或數位檔案、串流媒體平台、演唱會等。可是，這種

散播方式的最大問題，在於流通業者及零售業者這類仲介會比作曲家或歌手分到更多錢。仲介制定有利於自己可以獲取最多錢的收入分潤規則，而作曲家等主要創作者們只能拿到總收入的一小部分。其實，有報告指出音樂的總收入中只有12%會進到音樂人口袋，而且如果不是世界知名歌手的話，百分比還會更低。因此，許多藝術家從開始創作的時候就要承擔這不公平的交易。

那麼，音樂人要如何獲得自己作品的合理報酬呢？其實，只要將拿走大部分收入的音樂流通相關仲介摒除在外即可。過去，沒有音樂流通業者和經紀公司的話，音樂人是無法發表自己的音樂和宣傳，但是現在即使沒有經紀公司，音樂人也可以自由地在各種個人媒體平台向世界展現自己的作品。這時的區塊鏈可以消滅仲介的存在，讓交易透明化。

區塊鏈能在製作人與支持他們的粉絲間搭建交易管道，消除或降低仲介的必要性。現在，像是Ujo Music等使用區塊鏈的音樂平台正試圖改變音樂市場的結構，音樂人與支持者可以在P2P音樂交易平台上直接交流，粉絲能直接支付音樂費用給音樂人（大致上是以加密貨幣支付）。這種平台最大的優點是沒有音樂流通的仲介，藝術家可以得到大部分的銷售收入，也就是區塊鏈解決音樂產業長久以來不合理分潤的開端。

音樂產業為了區塊鏈而要面對的課題

區塊鏈在保護音樂人作品的智慧財產權上也可以被廣泛運用。像是使用區塊鏈與人工智慧，建立一個可以在網路上註冊與驗證所有歌曲的全球音樂整合數據庫。因為數據資料無法竄改又能公開使用，所以人們不會懷疑其排名與原創性。如此以來，原創者在主張自己在法律上擁有作品所有權的時候才不會產生混亂。

區塊鏈為音樂產業帶來的好處還有一點，那就是收入分潤的透明化。因為大部分的音樂是共同製作，所以相關人士都要抽成。如果這時使用智慧契約儲存大家同意的內容，憑此來執行所有人的收入分潤的話，就能讓音樂產業的商業模式比現在更加透明化。我們可以將所有媒體（數位及實體媒體）販賣的音樂記錄在所有人都能獲得公平利益的區塊鏈上。

當然，也有人對於區塊鏈在音樂產業的擴張抱持懷疑的態度。現在想要對抗大型的音樂流通公司，而打造一個只屬於創作者的環境還有一些阻礙，因為每天都有數千首歌創作、公開，所以要建立一個能儲存所有音樂的資料庫，依現在的技術來看還是很難達到。

儘管為了克服區塊鏈的所有限制並成為主流趨勢，還必須透過專案進行試錯，不過音樂產業的區塊鏈技術已通過理論階段了。如果考量到區塊鏈對音樂產業與其他產業的潛在益處，相信區塊鏈在音樂、藝術產業上成為主流的那一天一定會到來。

09

物聯網：連結240億美元裝置的區塊鏈

全球到2030年為止會有超過1兆台感測器。物聯網是指可以連接感測器、晶片、網路的物品，這概念從1999年出現以來與智慧手機一同快速發展，直到現在的洗衣機、冷氣機、電視、音響等，已內建在日常生活中許多機器之中，也是我們非常熟悉的技術之一。連接物聯網的機器會越來越多，十年後將會突破1兆台。

美國顧能諮詢公司（Gartner）預測到2020年時，設有物聯網裝置的機器會達到204億台；美國商業內幕網站（Business Insider）則是預測會逼近240億台；美國國際數據資訊公司（IDC）比他們預測更多，2020年為止會有300億台物聯網裝置。另外，國際數據資訊公司推算了到2019年年底為止，全球物聯網市場規模比去年成長了15%、增加了7,450億美元。另外還有一家跨國管理諮詢公司——麥肯錫公司（McKinsey & Company），他們預測物聯網在2025年前會給全球經濟帶來11兆1,000億美元的衝擊。這意味著接下來的十年或是更之後，潛藏著指數型成長爆發力的物網聯將會是改變市場遊戲規則的重要技術。

還有，物聯網與另一個改變市場遊戲規則的區塊鏈結合後將會變得更加強大。2018 年 11 月，跨國工程及電子公司博世（Bosch）與 IOTA 區塊鏈公司合作，正式進行區塊鏈與物聯網結合的研發。IOTA 是在德國創立的非營利組織，提供人們在物聯網機器上使用加密貨幣流通的服務。他們與其他數位貨幣不同的是，IOTA 開發人員將重點放在電子、儲存設備、頻寬、服務等與其他資源交換上。博世發表了自家的數據收集物聯網設備（Bosch XDK）與 IOTA 的去中心化數據市場結合的計畫。

區塊鏈克服物聯網的天生缺陷

從電話、電視、冷氣機、冰箱、汽車工業用設備為止，現今幾乎我們所有的日常用品裡都內嵌了物聯網。多虧了物網聯技術，我們可以隨心所欲地管控家裡的東西，在更有效率地處理事情的同時，還能享受更棒的使用者體驗，這麼說一點也不誇張。以冷氣來說，如果機器內嵌可以傳輸系統狀態與溫度相關數據的感測器，就能連接物聯網並持續下載與分析數據。出現問題時，它會在使用者發現問題前就先申請維修。

從讓我們日常生活變得方便的物品，到維持病人醫療的機械為止，像這樣的物聯網使用例子是無窮無盡。不過，物聯網天生存有缺陷，那就是它很容易被駭客入侵。2016 年駭客組織在物聯網機器間散播惡意病毒，大規模攻擊這些受感染的機器，促使美國東部發生暫時性的大斷網事件。2017 年 9 月，也曾發生了召回 50 萬台連結物聯網的心律調節器的事件，因為有公司發現這些心律調節器安全上有漏洞，有可能會遭駭客入侵並控制病人的醫療器材。像這種物聯網裝置數據是使用集中式處理，因為透過網路不斷傳輸重要的資訊，所以很容易成為駭客的目標。隱私與安全是物聯網領域主要課題的原因也在於此。

這時物聯網與區塊鏈的融合成了問題的解決之道，加密分散式帳本技術的區塊鏈可以幫助物聯網機器脫離被駭客入侵的威脅。傳統的物聯網系統依賴集中式處理系統，這類系統在軟體套件擴充上非常有限，並存在隨時可能曝露數十億個網路安全性漏洞的風險。還有一個缺點是，當協力廠商必須持續確認、認證時，裝置間的所有微交易會變得非常緩慢。

不過，如果能運用區塊鏈的智慧契約，那就能設定裝置間完成「特定要求」時再執行傳輸任務，更安全地自動調控。不只能自動化和降低傳輸費用，智慧契約還能事先防止他人惡意盜用數據。而且，數據會分散儲存，使用加密傳輸的網路分享出去，所以要破壞網路安全將會非常困難。

如果使用中央控制式網路的話，發生無法使用整個網路的單點故障（single point of failure）的風險會很高，而分散式區塊鏈網路會透過數百萬個不同的節點傳送數據，以降低單點故障的風險。

需要關注的物聯網區塊鏈平台

隨著產業規模變大，以物聯網為重心的區塊鏈平台也在崛起。第一個就是前面介紹的 IOTA，他們是特別為物聯網設計服務，負責傳送物聯網裝置上的交易及數據資料。IOTA 除了和博世合作，還有和日本的資訊與通訊科技公司富士通（Fujitsu）、德國的福斯汽車公司（Volkswage）締結合作夥伴關係。福斯汽車正在進行可以監控車輛行駛與狀態的「Digital CarPass 系統」開發計畫，如果像區塊鏈一樣的分散式帳本技術能應用在汽車上的話，我們便能全面管理汽車的行駛數據，也能防止紀錄遭到竄改與詐欺的風險。

接受韓國現代汽車資助的 Hdac 區塊鏈物聯網平台也很值得關注。Hdac 開發了使用區塊鏈技術的系統，它能快速處理物聯網裝置間的認證與數據儲存，傳輸效果也很好。Hdac 系統預計將套用在必須使用物聯網機器交易及作業的智慧工廠、智慧家居與智慧建築上。

醫療界也是物聯網區塊鏈最新關注的領域。創設於 2015 年的 VeChain 公司利用可以追蹤醫療器材的技術，打造了可以進行醫療及健康管理的 APP，病人可以很安全地將身體狀況數據分享給醫生，幫助使用者即時控管健康。

沃爾頓鏈（Waltonchain）為了建造一個供應鏈管理系統，結合了無線射頻識別（RFID）及物聯網、區塊鏈技術。他們把無線射頻識別標籤及讀卡機控制晶片嵌入產品，將研發重點放在識別高級服飾、追蹤食品藥物及物流，將產品的狀態和相關資訊下載到安全的區塊鏈裡進行分析。

區塊鏈數據平台 Streamr 為全球數據經濟注入了力量，它的目標是為了歸還大眾個資掌控權，而開發開放原始碼的區塊鏈基礎建設。Streamr 可以應用在像汽車那些日常物品上，並記錄交通狀況、燃料價格等數據。使用者可以把這些數據賣給其他使用者或是高速公路管理相關單位，也能購買其他使用者的數據。

以上舉的幾個例子是區塊鏈結合物聯網的平台之中比較知名的案例。現在海內外皆有數不清的區塊鏈結合物聯網平台正在不斷出現，其他計畫還有 Ambrosus、IoT Chain、Atonomi、IoTeX、OriginTrail、Slock.it、FOAM、Fysical、Power Ledger 等等。

結合物聯網、區塊鏈前要先解決的問題

區塊鏈在物聯網裡發揮全部優點之前，有幾個主要問題必須先克服，最先要解決的是擴充性。物網聯裝置預計在往後五至十年裡產生龐大的數據量，所以我們需要有一個能應對的區塊鏈網路。IOTA 不使用區塊鏈的分散式網路，而是選擇了「Tangle」系統來解決這個問題，但這也只是一個計畫而已。因為以太坊、比特幣這種知名的區塊鏈花了很多時間克服擴充性問題，而它們不適用於處理物聯網裝置產生的數據量。

第二個是互通性（Interoperability）。如果我們真的想要運用智慧裝置能相互連接的優點，就必須解決與改善跨鏈（Cross-Chain）互通性。不這麼做的話，即使我們按照目標啟動了機器，還是很有可能連接到沒有經過特別設計的其他機器，或是連接上不需要通訊且獨立的分散式網路。

第三個是法規的部分。舉例來說，給病人安裝的物聯網醫療器材自行按照特定智慧契約規定採取措施了，結果卻導致病人有所損失的話，這損失該由誰負責呢？是製造商的責任呢？還是物聯網平台的責任呢？如果是使用區塊鏈的物聯網平台，那會因為在無管制對象的情況下分散式傳輸，所以在要找出負責人時會產生爭議。因此，在責任分配問題上仍然必須詳細探討才行。

第2章

與人工智慧分工合作而變強的人類

遇到轉捩點的人工智慧，後人類時代來臨

01

人工智慧與指數型科技融合後的變化

技術融合不論在哪裡都會加速產業的崩潰。指數型科技一方面相互衝突，一方面又再次挖掘出新的產品、服務與產業。像是 Siri 和亞馬遜 Alexa 這類人工智慧可以聽懂人類說的話並給予幫助性的回覆，而中國曠視科技 Face++ 這類人工智慧可以辨識人臉並自動處理事情。還有一些人工智慧可以把塗鴉變成藝術品，或是診斷人類的健康狀態。在開始瞭解往後人工智慧領域裡很有可能發生的事情之前，我們需要先認識整個脈絡。接著則會介紹一直到 2024 年為止，在人工智慧領域被預測會發生的五項趨勢。

提升日常生活品質的強人工智慧誕生

「AlphaGo Zero」在 2017 年曾以 100 比 0 的比數碾壓 AlphaGo 而成為話題，緊跟在後出現的人工智慧「Alpha Zero」更是展現了人工智慧研究的偉大進步。跟以往的 AlphaGo 不同，Alpha Zero 不是使用人類的棋譜數據進行訓練，而是使用強人工智慧演算法不斷自主學習與瞭解遊戲規則。因為 Alpha Zero 從一開始就會自行構築知識，所以能在人類的思維下發揮新型態的創意。這類的人工智慧圖形識別（pattern recognition）能力更進一步發展後，已能在短短幾小時內累積人類數千年來的知識。這系統與各種型態的弱人工智慧（narrow artificial intelligence）結合後會變得更加強大、更有策略地複雜化。開發 Alpha Zero 的 DeepMind 下一個目標是將 Alpha Zero 的強化學習（reinforcement learning）能力套用在新藥研發、材料設計等各種實際事物上。在繼 Alpha Zero 之後，以目前技術快速發展的趨勢來看，可以推測出往後五年內會出現哪些能直接提升企業與日常生活品質的人工智慧。

為了醫療診斷與治療的機器學習

使用人工智慧的醫療診斷在最近出現了很大的進展，中國與美國的研究團隊們開發了可以診斷出流行性感冒、腦膜炎、一般兒童疾病的人工智慧。這款人工智慧軟體接受了 60 萬名病人、130 萬件醫療紀錄的訓練，成功地獲得準確性很高的診斷結果。除此之外，加州大學甚至使用課本內容與醫療影像，製作出可自行檢驗是否有糖尿病視網膜病變徵兆的系統。看到這種前所未有的人工智慧系統時，我想醫生們遲早要使用機器學習（machine learning）與人工智慧，醫療診斷也將迎來重大的轉捩點。

加速藥物設計與開發的量子電腦

科學家們推測有 1,060 個藥物分子形成的化合物存在，這比太陽系的原子數量還要多。化學家正以影響分子結構的方式預測新藥研發的可行性，為了驗證假設，他們需要合成並經歷無數次變種。不過，量子運算可以讓這些很耗時又花錢的程式變得很有效率，當然這也會影響新藥研發過程的協定內容。而且，包括加密技術，量子運算也會給主要產業帶來影響。特別是使用量子疊加、量子干涉、量子糾纏的龐大平行運算越來越有可能成真，量子電腦將變得比原本的電腦更具有優勢。

安全領域會出現龐大的商機

人工智慧整合了我們生活中的一切，卻也讓網路攻擊、假新聞更加威脅我們。偽造總統長相與聲音的演講影片、控制紅綠燈信號等，欺騙其他演算法的人工智慧成了實際的威脅。如果沒有適當的保護措施，人工智慧系統會給人類錯誤的資訊，或是改變自動駕駛的方向，可能造成多起恐怖事件。不過，反向思考的話，這也意味著在運用人工智慧的安全領域裡，可能會出現龐大的商機。公寓、住宅、醫療現場、航空管制系統、金融機構、軍隊、情報機構等等，機器學習可以快速擴散到所有需要安全系統的地方。

實現原子單位的製造業

如同現代電腦確立位元與資訊的關係一樣，人工智慧重新定義了分子與物質間的關係，掀起了產業的創新。人工智慧正被用於發現新物質上，以尋求環保技術的創新。專家們表示，以現今技術要製作一種新材料需要花上十五到二十年。不過，人工智慧設計系統的容量急速增長，發現新材料的速度也變得更快，所以我們能加快解決如氣候變遷這類危急的問題。新創公司 Kebotix 提出往後數年內，機器學習與自動化機器人是可以為材料科學帶來創新的方法。這家公司主張，他們自行研發的軟體與機器人可以吸收汙染物質，阻止超級病毒的感染，還能發現可用於光電零件的新合成物。這些原子精密製造產業會製造出我們無法想像的東西。

如同研究人工智慧的權威吳恩達（Andrew Ng）所說的，現今的人工智慧可說是「二十一世紀的新電力」，意指人工智慧會成為我們未來日常生活不可或缺的重要技術。在過去幾年裡，全球各大主要國家策劃了各種人工智慧策略與創新計畫，而帶頭的企業與智庫也紛紛聘請了人工智慧工程師與技術顧問，正不斷為了趕上潮流而費盡心思。

往後，人工智慧的發展程度很有可能決定國家的競爭能力，因此必須盡快進入美國與中國主導的人工智慧市場。而如果想在和人工智慧先進國家拉大差距前趕上他們的話，就必須增加培養 AI 人才的預算，盡可能地在政策上大力支持企業積極投資人工智慧領域。

02

中國掌握著人工智慧開發的鑰匙

2017 年中國政府發表宣言，要在 2030 年時成為領先全球人工智慧的國家。前 Google 執行長艾立克．史密特（Eric Schmidt）也曾說過，「2020 年，中國會趕上我們，而且很快就會超越我們。2030 年，中國會掌握整個人工智慧產業」。還有，接下來的數據不是造假的，專家預測擁有 14 兆美元 GDP 規模的中國將會為全球經濟成長貢獻 35%，其中人工智慧將占相當大的部分。

總部位於英國倫敦的跨國會計審計公司普華永道預測在 2030 年時，人工智慧產業對全球 GDP 的貢獻會達到 15.7 兆美元，而中國 GDP 會成長 7 兆美元，北美則是成長 3.7 兆美元。另外，現在全球人工智慧總投資的 60% 來自中國，與美國的 38% 相比幾乎多了快 2 倍。中國對人工智慧、半導體、電動車的投資早已達到 3,000 億美元，人工智慧界最大的企業阿里巴巴（Alibaba）甚至發表了要投資美國與以色列等地的國際研究所 150 億美元的計畫。

現在全球七大人工智慧企業中，又名「BAT」的百度、阿里巴巴、騰訊都在中國；此外，中國的人工智慧新創公司也非常繁盛，像是電腦視覺（computer vision）新創公司商湯科技在 2018 年時便躍升成全球價值最高的人工智慧新創公司。不只是商湯科技，從 2019 年 4 月的統計來看，有 168 間人工智慧企業的總部設在中國，這些公司的總值達到 6,250 億美元。

為了創造出數十億美元的新創公司，中國正在培育人工智慧專家。他們吸引全球人才，以恐怖的高速發展著，這樣的中國究竟想要建立怎樣的未來呢？他們的未來人工智慧策略是什麼呢？接著我們將透過主導創新的 BAT 的策略，客觀地進一步解析中國人工智慧開發研究的現況、地位與日後發展方向。

百度：所有服務都結合AI

百度曾聘請人工智慧方面的世界權威吳恩達博士，並在深度學習上獲得很大的成功。百度在 2017 年召開的百度世界大會上宣布了「All in AI」策略。從搜尋引擎起家的這家公司現在正主導著人工智慧開發研究、自動駕駛、國際級開放原始碼平台等國家事業。其中最具代表的是取得人工智慧自動駕駛專利，打造可以促進自動駕駛發展的國際級開放原始碼自動駕駛平台「阿波羅」（Apollo）。目前，輝達、福特汽車、戴姆勒等全球超過 95 間的企業參與了阿波羅平台，所有人都可以使用這平台上的開放原始碼。

百度與中國政府主導的國立深度學習研究所正在共同研發如同人類大腦的神經形態晶片與人工智慧機器人。另外，百度在搜尋引擎方面瞄準語音辨識與相關輔助裝置市場，已在美國與日本取得語音辨識專利，並於 2018 年在日本推出了結合智慧音響、智慧檯燈、投影功能的「Aladdin」。這產品使用百度語音人工智慧系統「DuerOS」，是一個可以與亞馬遜 Alexa、Google 個人助理競爭的產品。

百度還計劃使用已取得美國、中國、歐洲、韓國、日本的專利，推出一款可以語音辨識與人臉辨識的個人用機器。然而，當百度正在鑽研自動駕駛與語音辨識時，阿里巴巴已經站在智慧城市的前鋒了。

阿里巴巴：管理所有事物的智慧城市

中國電商代表阿里巴巴是一間在零售業與金融界獲得驚人成功的企業。阿里巴巴的螞蟻金服管理著全球最大的金融基金，處理著數千萬件的貸款申請以及比萬事達卡還要多的支付申請，正引領著金融科技界。

此外，中國最大網路市場有 B2C（商家對顧客）模式的天貓、C2C（顧客對顧客）模式的淘寶，他們的母公司都是阿里巴巴，阿里巴巴還接著推出了瞄準全世界市場的網購平台「全球速賣通」。

不過，他們實質上最珍貴的資產是阿里巴巴的手機支付平台「支付寶」產生的龐大數據。雖然在美國市場使用支付寶付款的比例不到全體支付額的 1%，但是支付寶在中國幾乎是不可或缺的東西，只要給路邊賣水果的攤商掃 QR Code 就能付錢。想捐款做慈善的人也能使用支付寶或微信錢包直接捐款給慈善團體或援助對象的家庭。順帶一提，支付寶曾實際在杭州的肯德基成功示範人臉辨識付款的可行性，並以此為起點逐漸擴大人臉辨識付款的店家。

阿里巴巴望眼的未來不只網路零售業與手機支付。阿里巴巴正與澳門、杭州等各地方政府共同打造智慧城市，旗下的人工智慧雲端平台「城市大腦」運用人工智慧演算法處理交通控管、城市計畫、監視器、感測器、社群網路、政府的數據，是一個預測未來變化的系統。它在杭州處理與分析所有交通即時資訊，藉此調整市內的紅綠燈。不是按照時間改變紅綠燈，而是根據計算交通流量與突發狀況等的結果後，自行改變紅綠燈。這樣的結果讓車流速率快了 15%，也縮減了救護車到達現場的一半時間。此外，他們從 2018 年開始投資使用人工智慧開發車輛間共用網路的 Nexar 公司，以及與馬來西亞政府合作共同推動城市大腦計畫。

事實上，阿里巴巴已跨出了亞洲，目前正在全球 200 多國推動產業發展，並在全球的人工智慧與量子運算等新技術市場進行 150 億美元的研發計畫。

騰訊：人工智慧醫療平台的誕生

騰訊是中國最早突破 5,000 億美元的企業。騰訊的微信（WeChat）是繼臉書、推特之後排名全球第五的通訊軟體。它幾乎可以說是數位界的萬能工具，結合了臉書與 Paypal、UberEats、Instagram、Expedia、Skype、WebMD、eVite、GroupMe 等功能於一個 APP，並打造出了屬於自己的強大世界，有許多公司透過微信進行大規模的活動，一般人則可以在手機 APP 上處理所有事情與消費，因為簡便的功能而成為中國消費者的人氣程式，光是活躍用戶就達到了 10 億人。

跨出社群網站的騰訊現在正與中國政府合作，進軍人工智慧醫療領域。以 2018 年的統計來看，中國約有 38,000 間醫療機構擁有官方微信帳號，其中有 60% 以上的醫療機構可以在上面進行預約，還有 2,000 間以上的醫院可以使用微信支付醫療費用。

另外，他們在基因客製化醫學方面的目標是擁有全球最先進的技術，並與許多跨國新創公司合作中。最近騰訊與英國人工智慧醫療公司 Babylon Health 合作研發利用人工智慧演算法在微信上進行疾病診斷，這相當於醫療服務進駐到所有人使用的這款通訊軟體裡。騰訊正在到處大筆投資數位健康管理公司，目前已投資了中國線上醫療服務公司微醫（WeDoctor）與人工智慧生技新創公司碳雲智慧（iCarbonX）等 1 億 4,500 萬美元。

從智慧城市到客製化醫療為止，這些中國尖端企業主導著現在人工智慧所有相關產業，並帶領著業界創新。我們更需要留意的地方是，這些企業的創新已跨出中國，正在全球各處發酵中。中國人工智慧產業已經脫離了曾被當作矽谷仿冒品的階段，而這個由政府的龐大投資、智慧建設、頂尖人工智慧研究人才、全球最積極的企業家組成的中國人工智慧界，日後發展將勢不可擋。

03

人工智慧與區塊鏈，兩大趨勢的融合

最近有許多新創公司嘗試結合區塊鏈與物聯網，我們也能輕易搜尋到有關區塊鏈與物聯網的內容。另一方面，如果人工智慧與區塊鏈結合的話又會帶來怎樣的結果呢？加密過的分散式帳本技術有助於打開另一個先進技術，成為人工智慧的新篇章。

區塊鏈是將數據資料以加密分散式帳本方式儲存的新型檔案系統，因為數據是加密過且分散儲存在不同電腦裡，所以才能建立出只有授權的使用者可以讀取與更新的強大資料庫。現在人們正熱衷研發區塊鏈結合人工智慧技術的應用軟體，雖然目前還沒有實際成功，但是相關的研究人員認為不久的將來會扭轉現況。如果區塊鏈與人工智慧能成功結合的話，我們可以獲得以下三個好處。

更加強化的加密技術

保管在區塊鏈裡的數據受到了因為系統裡的加密功能保護，

所以相當地安全，而這意味著區塊鏈非常敏感，將會是一個儲存個人數據的理想方式，也能讓我們的生活變得更方便。我們試著回想一下亞馬遜與 Netflix 提供的喜好推薦功能，當然這種系統提供的數據是屬於個人隱私，而擁有這些數據的企業們也為了保護數據安全，每年都投入很多錢維護，但是從個資外流到大規模數據外流的事情卻漸漸變得越來越稀鬆平常。

針對這點，因為區塊鏈在安全保護上擁有卓越的能力，所以人工智慧能和區塊鏈結合的話，就能解決這些問題。最近的人工智慧技術正不斷地強化在加密狀態下也能處理數據的演算法，希望藉由減少數據未加密又容易外流的流程，大大提升作業的安全。

使人工智慧決策透明化

人類經常無法理解人工智慧做的決策，因為人工智慧是獨立又可以評估各方面的變數，所以它可以做比較與「學習」特定變數對目標的重要性。舉例來說，如果沃爾瑪將所有賣場數個月的交易資料提供給人工智慧系統的話，人工智慧可以做出在哪個賣場賣哪個產品可以獲得最大利益的決策。人工智慧這時做的決策過程如果以數據點（data point）為單位記錄在區塊鏈上的話，被記錄的資訊會因為無法竄改而大大提升可信度。在要做出可靠判斷與進行監控時，它會比人類處理時要能更輕鬆地進行。

儘管我們知道人工智慧在許多領域裡做出很大的貢獻，但是如果大眾無法信賴它的話，它的可用性會被嚴格地限制住。因此，人工智慧的決策過程能記錄在區塊鏈的話，那麼大眾就能相信「人工智慧決策」的透明化與觀察力。

更有效率的區塊鏈管理

電腦雖然非常快，但是也非常笨，如果沒有對它下達明確又正確的執行命令，電腦是不會去執行的。也就是說，如果加密過的區塊鏈數據想在「笨蛋」電腦裡進行運作，那電腦處理作業能力就必須要有非常高的水準。例如人們在比特幣區塊鏈裡挖礦時使用的雜湊演算法（hashing algorithm），它是使用在找到符合交易的數值前會嘗試所有組合的「暴力破解」（brute force）方式。

不過，人工智慧已脫離暴力破解這種方式，能為人類提供更智慧的管理方式。我們試著想像一下，人類密碼專家如果能逐漸成功設計出更多密碼的話，那系統該會多麼有效率地運作呢？使用機器學習的探勘演算法也是使用類似的方式來運作。換言之，只要我們提供人工智慧合適的標本數據，即使不用花上一輩子的時間與努力，便能馬上獲得專家級的結果。

區塊鏈與人工智慧的結合可以同時提升彼此的能力，也能提高人們對技術的信任。因此我敢斷言，融合這兩項技術的產業將會成為未來社會最大的產業。區塊鏈非常需要擁有龐大計算功能的人工智慧，人工智慧也需要擁有高信賴度與便利的區塊鏈，而這兩項技術也早已開始進行融合了。如同「區塊鏈 AI」逐漸成為固定用詞一樣，現在提到區塊鏈的話，人們會自然地想到人工智慧，這將會打造出一條讓更多人可以輕鬆接觸到人工智慧技術的路。

04

透過人工智慧強化人類的超人類時代來臨

隨著對話式語音技術的出現與數據分析技術的進步，日常生活中能指導我們或提出建議的自主學習人工智慧機器人將會成為未來高人氣的人工智慧。如果你想到的是現在為你調鬧鈴或告訴你行程的單純人工智慧音響的話，這可就麻煩了。進化的智慧型代理人（intelligent agents）彷彿是厲害的脫口秀主持人一樣，可以與人類暢所欲言，從處理數據到需要發揮創意的事情為止，它可以幫助人類做所有事情。此外，人工智慧機器人將變得越來越方便攜帶。看到這裡如果你能聯想到電影《鋼鐵人》中的「賈維斯」或電影《雲端情人》中出現的技術的話，那你就能預見未來的事。

每當我們與 Alexa、Siri、Google Home 對話時，人工智慧的能力也在逐漸提升，因為越多的資訊交換與語言使用會讓它們變得更聰明。也就是每當我們與智慧型代理人對話時，我們都在賦予它人類的智慧，它透過學習軟體來組織啟動人工智慧時所需的一種基礎知識。這種語言上的交換學習，在往後數十年裡會成為強化人工智慧的重要資源。

當然，我們內心深處也害怕這一切會失控，或是內心深處潛藏著我們被機器人統治的恐懼，不過這些想法其實是受到好萊塢電影所影響的結果。雖然這些技術有可能被人類用在錯誤的地方，但是智慧型代理人出現在我們生活中的話，會給我們帶來非常正向的變化。而且，這類的技術終究會大大提升我們的能力，讓一個人可以一天內做三四個人才能做的事。

智慧型代理人的劇本

假設我的智慧型代理人名字叫「芬利」（Finley）。芬利從一張開眼睛到睡覺為止，會協助與指導我所有事。芬利的目標是幫助我每天將能力發揮到最棒，和它對話後，我可以按照事情的重要程度去解決。首先早上時，芬利會等到我睡飽才來叫我，它透過我的身體狀況感知系統來調整我的睡眠習慣，學習可以讓我睡得更安穩的方法。芬利能與所有機器連接，進行空氣調整、氧氣供給、調整光的亮度與色度、音樂播放等，藉此緩解我的憤怒與壓力，也可以改變房內的氛圍。

穿衣服的時候，芬利會根據我今天要見的人與內容來幫助我選擇衣服的顏色與款式。它每天會重新評估我的衣櫃、鞋子、流行飾品等，當我要買新的東西時，我只要參考芬利的推薦與選擇購買就行。吃飯時我也能得到芬利的幫助，它會告訴我如何用冰箱現有食材做出最適合我當下身體狀況的食譜。如果我更想吃外面的食物，它還能推薦餐廳或是可以叫外送食物。

通勤也變得簡單了，如果跟它說「請告訴我到公司的交通方式」，芬利便會告知我要搭 Uber 或自動駕駛計程車等最適合的方案。除此之外，芬利還有各式各樣的介面，使用者可以選擇像是智慧手錶、觸控面板、鍵盤等各種輸入裝置的機器，也可以選擇各種顯示器、視覺效果、外觀設定、情緒警報機制等各種輸出裝置。

因為大部分的人希望智慧型代理人更加人性化，所以芬利能以各種型態與模樣出現。可以把它從男性變成女性，也能讓它的聲音、長相變得很獨特。為了提升芬利的「我的心聲」角色功能，它能成為實體存在的機器人，也能是掛在牆壁上說話的肖像畫，它還能成為會動的鞋子，給我的朋友們帶來強烈印象。當我在搭電梯、汽車或進到會議室時，它會自動連接到可以使用的機器，將資訊傳送到周遭的顯示器，或是讓我可以使用 VR 及 AR 機器。

此外，所有的業務內容都能使用芬利。像是銷售部門的話，它能快速結算、交叉確認庫存，以及向客人推薦其他商品，藉此促進銷量增加。如果是人事部門的話，它可以提醒主管在面試職員時必須問的問題，當我出現不適當的言行時可以警告我，也能告訴我新的政策或流程。如果是資訊部門的話，它能提出最適合每個狀況的演算法，並測試代碼的每個部分。

從各個層面上來說，芬利是秘書、保護者、策略性夥伴，也可以是朋友。而有精神健康問題的人可以使用智慧型代理人穩定情緒、協助做出決定，幫助改善精神健康。當芬利能完全瞭解人類的日常生活後，它可以幫助人類開發新的技術或是找到有意義的事。

隨著時間累積，芬利學到了很多關於我的事，成為了我的專家。智慧型代理人更加進化的話，它還能診斷疾病、受傷部位，並介紹適合身體狀況的運動；如果精神健康出現危險，它甚至能進化到發出警告。此外，如果我罹患什麼疾病的話，它還能充當醫生的角色，提出治療方法、用藥以及其他適當措施的建議。

躍升成超人類的人類

有滿多人擔心智慧型代理人負責我們日常生活所有事的話，人類是否會變得更加怠惰。的確，如果我們每天煩惱的事、必須做出決定的事都消失的話，我們的生活好像變得太輕鬆了。

然而，這類的品質提升將造就全新的「參與模式」。未來，不論是撰寫文書、單純的事、對話式溝通都可以在比以前更短的時間內完成。這些單純卻又傷腦筋的事都消失的話，可以讓我們集中精神構思新策略或創作型工作等更高水準的事情。人類不會因為智慧型代理人而變得更懶散或是無精打采，反而有很大的可能性成為擁有比過去更多成就的超人類。

當然，上面所假設的一切要在個資政策與安全措施非常完善的情況下才有可能成真。如果我們無法相信可以處理信用卡、銀行帳戶、醫療紀錄等的芬利，那現在我們使用的人工智慧音響就無法更上一層樓。不過，智慧型代理人若達到和芬利一樣的水準時，它會擁有自我診斷系統和各式各樣的防火牆，一旦安全上發生問題，它能馬上察覺到。

最近的科幻電影大多描述我們遭到機器人統治，高科技遭到惡意使用，可是現在的技術要達到與電影一樣的人工智慧還非常遠。就算我們已經透過更多的芬利進到了可以快速處理更多事情的「擴增智慧」（augmented intelligence）時代，但是科技提升人類的能力與科技取代人類仍有很大的差別。

在不久的將來，人類的能力將取決於能「活用」人工智慧到什麼程度。自己的日常生活與工作能接受人工智慧到什麼程度？是否會接受人工智慧的建議？這一切的決定權都在我們的手上。不過有一件可以確定的事是，如果我們能好好利用這個助手兼秘書的人工智慧，人類在各種意義上可以躍升為「超人類」。

在銀髮產業中尋找AI語音助理的市場

今年 70 歲的視障人士萊斯利・米勒（Leslie Miller），說她是視障人士也有點不對，因為她可以靠語音助理 Alexa 過上平順的日常生活。她可以去見生活在同個社區裡的朋友，和他們一起吃午餐，她還能讀書、聽喜歡的音樂與廣播劇。而 79 歲有手抖症狀的吉姆・貝茲（Jim Bates）透過 Alexa 用說的方式上網，更新著最新的新聞，因為使用 Alexa 要比在筆電、iPhone 上辛苦敲打鍵盤更輕鬆又快速。想傳送訊息時，可以命令 Alexa 將語音訊息轉換成文字，再傳送給指定聯絡人。

你知道「數位落差現象」（digital divide）這個詞嗎？這是最近在韓國老年人間頻繁出現的現象，意指在智慧手機萬能的時代裡，不熟悉使用智慧機器的老人們遭到了差別待遇的現象。但是如果智慧型代理人大眾化的話，這種社會現象用詞就會成為歷史。前面介紹的例子是正在美國發生的事情。智慧型代理人帶來的另一個好處是，它可以幫助被社會疏離的老人們也能平等地享受科技與日常生活。這也意味著以老人為對象的智慧型代理人是一個潛藏的龐大市場。光是在美國，每天就有 4,600 人踏入 65 歲，可是大部份的人都低估了該年齡層的市場。實際上，我們非常需要留意最近爆增的對話式語音技術消費者：老年人族群。

改善老人生活的人工智慧

加州南部的銀髮社區聯合非營利組織「Front Porch」從 2017 年開始與亞馬遜合作，透過 Alexa 開始整合銀髮社區的設施。Front Porch 將是正式研究這技術對老人帶來什麼影響的第一個試驗場，而 Front Porch 也擴大這項計畫到其他銀髮社區、350 名以上一般家庭中的老人。人工智慧語音技術如果能增強人類的能力，就能為老人們帶來更方便的生活。

另外，語音助理可以幫忙解決老年人最大的問題之一，那就是寂寞。寂寞不只是罹患憂鬱症、焦慮症的原因之一，它還與心肌梗塞、中風及增加死亡風險有關。根據美國 2019 年的全國健康老化調查報告（National Poll on Healthy Aging），有三分之一的老年人口表示感到寂寞或缺乏朋友、同伴，還有三分之一的人覺得自己與人的社會接觸不夠。在兩年多的試營運下，Front Porch 的研究團隊表示，老人們在使用 Alexa 時感受到了更多的參與感和快樂。這和「語音助理取代了人與人的實際互動，反而孤立了人們」的批判相反，根據實際調查的結果顯示，有 90% 參與者認為 Alexa 反而更拉近他們與家人、地方社會的距離。這表示語音助理可以幫助老人輕鬆地享受生活，也可以更強化人與人之間的互動。

所以，「語音助理未來成為老人最要好的朋友」一點也不奇怪，因為它們一天二十四小時、一週七天隨時都守在老人身邊。實際上，老人們向 Front Porch 最常提出的要求正是「讓我可以幫 Alexa 取其他名字」。如同為自己喜歡的寵物取名字一樣，他們也想為成為自己最要好朋友的語音助理取一個有意義的名字。如果技術達到了可以情感交流的程度，那麼更先進的對話式語音助理可以成為照顧老人日常生活瑣碎事的親切專屬幫傭，也可以成為能敞開心胸說話的朋友，再更進一步的話，甚至成為另一半的那一天也會到來。

05

幫助人類藝術家創作的人工智慧

創造力是只有人類才有的獨特能力嗎？還是人工智慧也能「學習」呢？樂觀主義者們認為人工智慧與機器學習不會搶走我們工作，「人工智慧無法模仿人類的獨特性與創意力」。可是，如同機器讓我們從不斷重覆動作的作業中解脫一樣，機器學習也可以讓我們在反覆的知識作業中解脫。如果人工智慧學會了比人類更瞭解人類的方法，人工智慧的創造力超越人類的那一天就有可能到來。

早在 2016 年時，我們就已經看到全球第一位人工智慧編劇「班傑明」（Benjamin）。班傑明使用稀有的類神經網路（artificial neural network，仿造人類大腦裡的神經細胞，反覆學習下熟悉特定目標的一種演算法），藉由特定的單字或語句，寫了一部約 8 分鐘長度的微電影《放空》（Zone Out）。人工智慧研究員羅斯（Ross Goodwin）開發的班傑明在學習 1980 ～ 1990 年代的科幻電影與電視劇劇本數十篇後，寫出了這部電影劇本。電影描述在看似太空站的地方，兩名男性與一名女性的三角關係與對談，實際上由人類演員主演與製作。

像這樣「只要輸入數據就能產出藝術」的概念可能很難令人馬上理解，然而意外的是藝術反而是人工智慧最積極進軍的領域。寫詩、寫小說又作曲的人工智慧，這種挑戰創作領域的人工智慧往後會對人類的創意力帶來怎樣的影響呢？

寫詩、寫小說又作曲的人工智慧

類神經網路非常擅長接受大規模數據訓練，並從中掌握數據的「模式」，再依照同樣的規則製作出成品。當人們看到人工智慧學習梵谷畫作後畫的「梵谷風作品」時，大部分的人很難區分究竟是梵谷親自畫的，還是人工智慧畫的。其他領域也是一樣，類神經網路在數小時內聽完巴哈、莫札特的全部作品後，便能創作出古典音樂，或是接受莎士比亞作品的訓練後，就能成為假想的詩人。「Deepbeat」是一個在學習大量 Rap 歌詞後，可以創作出新 Rap 的人工智慧。而「Lamus」則是人類設定了樂器種類與歌曲主題的話，它便能自動創作出符合條件的古典音樂。

最近，人工智慧進軍了被視為文學精髓的詩領域。2018 年微軟從中國發明的人工智慧聊天機器人「小冰」（Xiaoice）創作的 1 萬多篇詩中挑出 139 篇，出版成詩集《陽光失了玻璃窗》（Sunshine Misses Windows）。令人驚訝的是，這詩集的題目也是人工智慧親自訂的。小說方面，在 2016 年日本《日經新聞》獎徵文比賽上，總共 1,400 多篇的作品之中，混進了 11 篇人工智慧寫的小說，評審團在不知道有人工智慧寫的小說下進行了審查，而人工智慧寫的小說居然通過了第一輪審查。

題目為《電腦寫小說的一天》的小說主角是電腦，也就是人工智慧自己。為了想確認「人工智慧的文學能力」的讀者們，以下節錄了一小段的內容。看到這小說的你會有怎樣的感想呢？

《電腦寫小說的一天》

那天是個烏雲低沉、黑壓壓的一天。房內總是維持著最舒服的溫度與濕度。洋子懶散地坐在沙發上，玩著沒有意義的遊戲打發時間。她沒有和我說話，無聊，真是無聊透頂了。洋子第一次來到這房間時，她不停地跟我說話。

「今天晚餐要做什麼呢？」

「這季最流行的衣服是什麼？」

「這次聚會我要穿什麼去比較好？」

我費盡所有的能力去思考她想聽哪些話。因為對於她的時尚風格，我無法直接說出很好看，所以要提出勸告是一件極具挑戰的事。可是還不到三個月，她就對我膩了。最近我的能力連百分之一都用不上。

（中略）

好吧！那我來寫小說吧！我突然來了靈感，打開了新的檔案，寫下第一個位元，0 之後又寫下了 6 位元。

「0，1，1，」

我現在停不下來。（中略）我不繼續寫的話，會有損我們日本人工智慧的名聲。我決定要創作出可以給讀者帶來快樂的故事。（中略）我第一次感到全身充滿喜悅，並埋頭熱衷於寫作。電腦寫小說的一天，電腦優先追求自己的樂趣，放棄了為人類奉獻的事。

這篇由日本函館未來大學的松原仁教授團隊公開的小說，是人工智慧按照人類設定的具體故事與情況寫出符合設定的文句。遺憾的是，這作品在第二輪時遭到淘汰了，但是有一名評審表示，「故事結構再好好寫的話，很有可能獲得更高的評價」。當然，這篇小說只有一部分是由現在的人工智慧撰寫，所以它的能力還是有限的。研究團隊還宣布，往後幾年內，他們的目標是開發出不用人類幫助就能寫出完美句子的人工智慧。

人類與機器的合作帶來富饒的文化藝術世界

一直以來，我們都認為人工智慧將來會取代收銀員、貨車司機等人類的工作，在需要創意的藝術工作上絕對取代不了人類。可是，若現在的技術持續開發下去，我們再也無法保證任何情況不會發生了。

但是，我們也沒必要對此感到恐慌、害怕。現在的人工智慧還在必須給它數據才能創作的階段，無法自主構思出新的文學點子或自主設計「主題」。以現在的技術來看，將人工智慧視為可以幫助人類藝術家更果斷創作的一個工具會更正確。人類可以藉由人工智慧的幫助，試著去做之前想像不到的新挑戰，在構思作品或是作詩時，也能大大減少成本與時間。

如同前面提到的人工智慧加強了人類能力的例子一樣，為了加強人類在創作方面的能力，我們需要研究如何靈活運用人工智慧的方法。在使用人工智慧上，人類需要做的事是在人類擅長的領域中更加發揮自身的「人情味」。因為人工智慧挑戰創作，所以人情味在未來的定義會有所改變，也會出現更強調人類創造力的作品。在這種情況下，我們需要培養與人工智慧合作的彈性。我們可以試著期待一下未來，那個人類與人工智慧合作後變得更豐富的文化藝術世界。

人工智慧讓醫生的診治能力更臻完美

醫學未來將會由病人、醫生、人工智慧組成完美的三角型。未來，醫生很有可能會憑藉人工智慧來加強自身的能力，而我們則能接受更先進的診斷與治療。開發 Alpha Zero 的 DeepMind 公司旗下的研究員艾倫（Alan Karthikesalingam）博士最近就在奇點大學舉辦的指數醫學會議上，發表了醫學領域接受人工智慧支援後的未來展望。艾倫博士說：「人工智慧研究領域有了值得矚目的進展。現在這種演算法已經達到了可以具體又正向地應用在現實世界裡的轉捩點。」這裡提到的正向應用便是指將人工智慧技術應用在醫療領域。

醫生與人工智慧的合作使診斷越趨完美

為了能在醫療上使用人工智慧，我們需要更謙虛、更謹慎地去處理它，因為與其他領域相比，醫療領域必須將安全擺在第一。

艾倫博士強調人工智慧的目標不是取代醫生，而是為了將醫生們從雜事中解放，讓醫生的能力最佳化，並提供醫生自己沒發現或遺漏的替代治療方案與參考。

醫生主導人工智慧的這種方法目前正被應用在 DeepMind 的許多個健康管理專案。DeepMind 與全球最頂尖的眼科醫院——英國摩爾眼科醫院（Moorfields Eye Hospital）合作，開發了可以診斷眼睛疾病與分類病人的人工智慧。他們使用的演算法是先分析病人詳細的眼部影像辨識初期症狀，再根據緊急與嚴重程度來決定病人的看病順序。一般醫生為了能準確地辨別出病情，通常需要二十年以上的醫學訓練。然而，接受 DeepMind 訓練的演算法出現了與專家相似的成功率，更重要的是它未曾分類錯病人。

現在，全球有 3 億人是視障人士，其中有 80%～ 90%是提早發現便能預防的疾病。隨著可以看到眼睛後方的技術越來越精細後，病人們已經可以透過智慧手機與其他攜帶式機器自行檢測眼睛。如果診斷結果可以傳送給診斷眼睛疾病的人工智慧的話，個人與社會的經濟壓力就能大幅減少。

癌症方面，DeepMind 也有初期合作成功的案例。為了使用放射線去除腫瘤，醫生必須先以公釐單位檢查內臟器官或組織，這種醫學影像分割是個少至 4 小時、多至 8 小時的無聊作業。DeepMind 為此與倫敦大學合作，開發了適用於臨床上的醫學影像分割技術演算法。這個人工智慧可以在醫療掃描時盡可能避開敏感的視神經，幫助醫生在不損害病人視力的情況下進行眼部組織的治療。

說明過程而非導出結果的人工智慧

前面所提及的，都證明了人工智慧可以加強醫生的能力，並成為幫助病人的工具。不過，往後的五至十年之間，人工智慧系統要投入實際醫療界仍然是一項大挑戰。演算法為了成為更有用的醫療助手，除了診斷疾病的功能外，它還要懂得說明自己做出決策的過程。醫生們不只要瞭解類神經網路的數學運作，也需要瞭解人工智慧的決策是如何導出的。換句話說，就是類神經網路也需要黑盒子的意思。

因為人工智慧是接受大量資訊的訓練方式，所以研究團隊完全不瞭解演算法裡發生的過程，他們只會得到是否有癌細胞的最終結果。為了解決這個問題，DeepMind 正在疾病辨識演算法裡建層（layer），讓人工智慧跳脫原本只發表最終結果，開始向醫生說明對於「自己辨識眼科影像掃描後的結果及決策」堅信或是不確定的原因。艾倫博士解釋：「透過這樣的方式，醫生們可以判斷演算法的診斷內容，並做出自己的專業結論。」

深度學習的另一個問題是，它需要數百萬筆數據的訓練，而這個問題也漸漸被解決了。醫療數據一直以來都是很難接觸的，處理成本也高，存有很多困難之處。不過，最近因為深度強化學習技術的進步，所以大幅減少了實際所需訓練的數據量。像是 DeepMind 的醫學影像分割演算法只接受了 650 件影像就完成訓練了。

與人工智慧合作的醫學未來

艾倫博士曾表示，DeepMind 的研究不是為了取代醫生，而是為了讓醫生們可以稍微輕鬆一點。往後五年的計畫裡，要開發出完美的疾病辨識人工智慧的可能性很低，不過人工智慧在臨床醫學上很有可能朝醫學整合發展。人工智慧研究不能只考慮疾病診斷的效率，還必須考慮信賴度、安全與隱私等問題。只有能充份說服大眾的證據，醫學界與病人們才會接受人工智慧合作系統。

DeepMind 的最終目標是為病人提供更好的醫療服務，如果人工智慧能加強醫生的能力，並因此改善病人的生活的話，那它能為整個醫療產業帶來正向的效果。

07

內容產業如果遇上人工智慧

二十年前的娛樂產業完全掌握在少數幾家娛樂製作公司與電視台，那是屬於「只有他們的世界」。那時的一般大眾只能消費他們創作的內容，並沒有方法可以參與這個產業。可是，現在呢？現在的娛樂產業完全敞開了大門，一般人正大舉進入，呈現一種不相上下的局面，敘事傳播媒體也正爆炸式增加。而人工智慧也開始與娛樂產業結合，漸漸變得更加個人化。

首先，我們來看使用人工智慧推薦功能演算法的 Netflix。Netflix 市值在 2019 年以約 1,600 億美元排在美國公司市值榜第三十名，光是 2019 年的內容製作費就達到 150 億美元。

另一方面，Google 的 Daydream 及臉書的 Oculus 等 VR 平台開始挖掘新市場。人工智慧會向我們推薦適合的內容，如果還能使用 VR 和 AR 享受更有實境感的內容的話，可能好萊塢電影會變得乏人問津且很快就消失也不一定。從音樂到電影，我們有必要瞭解這些能推薦與製作客製化內容的人工智慧所創造的未來。娛樂產業的主人現在正變成人工智慧。

人工智慧超越網紅，自己做內容

人工智慧在我還沒發現之前，就已經知道我喜歡什麼了。推薦演算法是會自動排列出我可能想看的影片與節目，這我平常已經在 Netflix、Youtube 體驗過了。但是，這種輔助功能只不過是演算法在開發初期階段時的功能。

現在人工智慧的目標是朝 Google 語音助理的能力前進，不久後語音助理就能運用臉孔辨識技術，判讀我喜歡什麼、討厭什麼，甚至是根據我給的時間長度為我推薦電影、影片，或是參考相關數據後自動播放符合我現在心情的歌曲或影片。

除了這些非常個人化的預測以外，人工智慧可以親自生產內容、創作音樂、開發完全創新的電視劇故事，甚至可以讓我喜歡的演員重返電影銀幕。以人工智慧動作轉化（motion transfer）功能為例來說，柏克萊加州大學的研究團隊使用了生成對抗網路（generative adversarial network，簡稱 GAN），開發了能將專業舞者跳舞的動作複製在業餘舞者影片上的人工智慧動作轉化技術。同樣的道理，人工智慧也大幅提升了電腦合成影像（CGI）技術。人工智慧系統學習了數以萬計的影像資料後，能夠修正人臉變化與表情，並複製到電腦合成影像中，創造出自己喜歡的演員，或是設計出一張全新的臉孔。瑪麗蓮夢露想演《玩命關頭》？完全沒問題。想讓你的弟弟演原版《星際大戰》嗎？人工智慧的力量就能讓你的弟弟神不知鬼不覺地站在絕地武士身旁。

現在，像是導演詹姆斯・卡麥隆與他人共同創設的數字王國（Digital Domain）這類的公司正在不斷地開墾未來道路，揭開娛樂產業的新章節。數字王國的視覺特效使用了獨創的人工智慧系統，它可以非常有效率地合成人類與電腦的影像。不久前上映的《復仇者聯盟 4：終局之戰》也是使用了結合人工智慧與電腦合成影像的技術，自然地設計出電影中反派角色薩諾斯的臉部表情。

電玩遊戲領域也使用了人工智慧增強（AI Upscaling）演算法，這讓以前我們小時候玩的低解析度經典電玩遊戲能升級成高解析度畫面。其中，Topaz Labs 是將人工智慧增強演算法商業化的代表例子。雖然固定的一些部分仍然需要人類動手，但是生成對抗網路技術正大幅加快遊戲畫質提升的過程。想像一下，未來你只要點擊一下就能大大提升低解析度影片或圖片。

可以使用人工智慧升級的領域並不限於電影或電玩，像是編曲的人工智慧作曲家也給音樂界帶來很大的影響。目前有很多家人工智慧新創公司為了與音樂人開發能創作新曲子與節拍的技術正在籌措資金。已經很知名的人工智慧編曲有 Flow Machines，有很多音樂家將它當作創作助理來使用，而 Flow Machines 創作的音樂也經常在各種音樂排行榜上名列前茅。另外，Amp、Popgun、Jukedeck、Amadeus Code 等使用人工智慧創作音樂的公司也正快速成長中。相信總有一天，人工智慧也將能自己作詞。

人工智慧引領娛樂界下一場革命

任何人都能使用的平台與全新的播放工具創造了娛樂產業與其他產業的融合，而這種融合將使 2030 年的娛樂產業變得比現在更能與觀眾互動、客製化，也更加有趣。娛樂產業未來十年裡會經歷一場非常大的革命，因為人工智慧與 VR 融合進軍到任何人都可以接觸的數位平台，所以我們馬上就會看到教育型休閒軟體（edutainment）、對話式故事遊戲、沉浸式虛擬世界、AI 角色等的出現。此外，享受這些娛樂的成本也正在漸漸下降，幾乎趨近於免費。

我們已經目睹了娛樂免費化的現象，免費的串流媒體正在將娛樂產業推向風暴之中。未來，在結合人工智慧下，可以製作出有創意又高藝術含量內容的新網紅，以及在沒有雄厚資本與電視台援助下，也可以將自己的作品推廣至全世界的藝術家們，這些人將帶來下一場新的風暴。

有關 AI 倫理的 DeepMind 新研究企劃

Google 人工智慧子公司 DeepMind 共同創辦人穆斯塔法・蘇萊曼（Mustafa Suleyman）曾點出「倫理」是人工智慧界必須矚目的重要關鍵字。他強調人工智慧技術已經讓蔓延在社會的不平等現象更加嚴重，如果想要阻止這現象繼續惡化的話，我們必須先進行人工智慧的倫理研究。

人工智慧在人類解決氣候變遷、糧食、健康等各種緊急問題上扮演著重要的角色，卻也很容易招來副作用。除了不平等現象以外，人工智慧也有可能被用於強化人們的偏見與歧視。DeepMind 建立倫理與社會研究部門 DMES（DeepMind Ethics & Society）的原因也是出於此。這個部門是由 DeepMind 的員工與外聘顧問組成，其座右銘是「當人類制定出合理的規範時，所有的人工智慧才能發揮最大的價值」。參與的顧問有牛津大學人工智慧專家兼教授尼克・博斯特倫（Nick Bostrom）、經濟學家兼前聯合國顧問傑佛瑞・薩克斯（Jeffrey Sachs）等等。

以下大略敘述 DMES 為了未來人工智慧研究而制定的核心價值。

- 必須以能幫助全球社會為目標進行技術開發。

- 研究必須建立在嚴謹又縝密的基礎背景下。
- 包括籌措資金的方式等所有開發過程必須公開透明。
- 必須透過廣範圍的合作，包容各式各樣的意見。

現在關注人工智慧倫理的公司不只有 DeepMind 而已，像是臉書、亞馬遜、IBM 等公司在 2016 年組成了「人工智慧夥伴關係」（Partnership on AI），主要在資助那些努力研究預防人工智慧副作用出現的研究員與團體。此外，美國電機電子工程師學會（IEEE）也發表了人工智慧倫理標準指南的草案，裡面提到了人工智慧必須保障人權、透明化使用以及解釋做出決策的原因等原則。2017 年微軟也曾成立人工智慧倫理相關的組織 AETHER（AI and Ethics in Engineering and Research）。

去年 1 月，專門資助人工智慧研究的非營利組織「生命未來研究所」（Future of Life）為了建立「善良 AI」的研究環境而發布了「阿西洛馬人工智慧原則」（Asilomar AI Principles）共二十三項，包括人工智慧的目標與行為必須與人類價值觀一致、因自我複製而快速升級的人工智慧必須接受嚴格的管制等等。

隨著這些技術公司的人工智慧產業不斷擴張，公正性、透明化也相對變得更加重要。期望這些公司的人工智慧倫理研究能打造出對人類有益又有責任感的人工智慧，並開創更美好的未來。

第 3 章

新一代技術融合，打造先進的日常生活

體驗與 VR、自動駕駛、機器人連結的時代

01

拉近未來的亞馬遜自動駕駛計畫

現在有越來越多的企業在發展自動駕駛，除了亞馬遜，我們也經常聽到其他公司正在開發自動駕駛。全球最大電商公司亞馬遜在 2019 年 2 月宣布投資 5 億 5,000 萬美元在自動駕駛新創公司 Aurora 上。他們對 Aurora 的投資與最近對自動駕駛技術的挑戰有點不同，不過如果我們仔細觀察這次投資與相關的創業投資，就會發現亞馬遜對自動駕駛技術的展望，以及這項技術其實相當符合亞馬遜的計畫。

不需要送貨司機的自動送貨機器人時代

除了亞馬遜以外，Aurora 也從創投公司紅杉資本（Sequoia）、石油巨擘殼牌能源公司（Shell）等公司獲得 5 億 3,000 萬美元的投資。Aurora 因創辦人們而在矽谷獲得很高的信任，其中執行長兼共同創辦人克里斯・爾姆森（Chris Urmson）曾是字母公司（Alphabet）

旗下自動駕駛公司 Waymo 的首席技術官（CTO）；另一位共同創辦人安德森（Sterling Anderson）曾負責主導特斯拉自動駕駛計畫；而首席技術官德魯（Drew Bagnell）則曾經是 Uber 負責研發自動駕駛系統的先進技術部門（advanced technology）成員。

比起自行製造車子，Aurora 現在更著重於和福斯、現代等汽車公司合作開發自動駕駛系統。他們的目標是建立一個不同廠牌的汽車間可以共享數據的開放平台，讓車子間可以更安全地行駛。Aurora 計劃在 2021 年前將配有無需人類駕駛的 Level 4 完全自動駕駛系統車進行商業化。

Aurora 的自動駕駛技術也可以與市場越來越大的亞馬遜物流前線整合。實際上，亞馬遜早已經和開發自動駕駛貨車的公司 Embark 進行自動駕駛物流車的實驗。Aurora 的開放平台意味著亞馬遜可能會讓他們 2 萬多台的物流車全換成自動駕駛技術。

亞馬遜在另一個規模完全不同的領域裡也正在活躍發展中。其中一個是推出了完全自動駕駛送貨機器人公司的 Amazon Scout，他們目前在美國華盛頓州的史諾霍米須郡進行只有小型冰箱大小的送貨機器人 Scout 試營運。雖然現在送貨會有人類陪同，但是過了一段時間後，預計會讓 Scout 自行在市中心送貨。

亞馬遜自動駕駛計畫的意義

亞馬遜投資自動駕駛計畫與該領域的最明顯原因是物流運輸成本。亞馬遜的物流運輸成本有逐年增長的趨勢，從 2015 年的 115 億美元、2017 年 217 億美元到 2018 年 270 億美元，因此亞馬遜如果能使用 Aurora 的自動駕駛技術的話，就可以大幅減少使用堆高機、無人飛機、貨車等的成本。2018 年，亞馬遜與豐田汽車合作，公布了運送食物用的自動駕駛「e-Palette」，它是像 Scout 一樣進行最後運送階段的自動駕駛送貨機器人，若能將這項技術套用在物流貨車上的話，就可以降低成本。

亞馬遜最終的目標到底是什麼呢？其實亞馬遜不只是想要做出自動駕駛送貨機器人或貨車，他們正在更進一步打造自己的「自動駕駛平台」，而這平台就是亞馬遜計畫的核心目標，讓 BMW、福特、豐田的新車安裝 Alexa 語音助理也是這平台計畫的一部分，這麼一來駕駛可以命令 Alexa 播放自己想聽的音樂或是處理其他事情。目前也有許多自動駕駛公司正使用亞馬遜雲端運算服務（Amazon Web Services）提供的機器學習開發，他們可以透過雲端平台，向全球自動駕駛人工智慧開發人員徵求意見。

亞馬遜夢想的未來，是從倉庫機器人到最後送貨機器人的整個物流流程自動化，以及人們能駕駛安裝亞馬遜雲端運算服務的自駕車，或是由 Alexa 負責處理車內的娛樂。其夢想的規模龐大，實現的速度是驚人地快。如果亞馬遜像現在這樣持續投資和開發自動駕駛的話，那麼他們夢想的自動駕駛未來會比我們想的更快到來。

02

無人機突破法規限制，物流革命不遠了

無人機在不久的將來會成為最快、最便宜的運輸方式，從戰場上的無人偵察機到播種施肥的農業用無人機，現在無人機在各領域裡不斷發揮它的用途與功能並持續進化。未來學家傅瑞曾說過「2030 年時將會有約 10 億架無人機在天上飛」。如果想要實現他的預言，我們必須要有很精準、精密的資訊與通訊技術才能避免無人機同時在天上飛而相撞的事故。除了技術問題以外，還有社會法規問題必須解決。接著我們來瞭解無人機的技術與法規問題一一被解決後，正邁向商業化的現況如何，還有它會對我們的生活帶來怎樣的影響。

Google與亞馬遜，誰是無人機之戰的贏家？

2019 年 4 月，與 Google 同為字母公司旗下子公司的「Wing」成為了第一家從美國聯邦航空總署（FAA）取得商用無人機送貨服務許可執照的公司。Wing 原是與字母公司旗下自動駕駛公司 Waymo 一同被歸類在「登月計畫」（Moonshot projects）中，之後它獨立出來成立了 Wing Aviation 公司。Wing 的無人機從 2019 年開始在美國維吉尼亞州的兩個城市進行無人機送貨服務，並計劃將該服務擴大到全美國。

2019 年 6 月，Google 的 Wing 無人機送貨服務也在澳洲和芬蘭獲得官方許可，他們的送貨服務是與咖啡店、藥局等在地店家合作，負責在幾分鐘內運送商品。因為是使用天空移動到目的地，所以不受地面交通影響，可以大幅降低運輸成本。Wing 估計送貨無人機會給當地店家帶來 3,000 ～ 5,000 萬澳幣的商機，並計劃送貨無人機到 2030 年為止要占據全部外帶件數的 25%。再晚的時間也可以馬上買到東西，或是幾分鐘就能買到健康又新鮮食物，這些都大大提升了我們的生活品質。

目前 Wing 所獲得的許可是有所限制的，無人機無法通過主要的道路上方，平日只能從早上 7 點到晚上 8 點時飛行，且禁止近距離飛到人類身旁。此外為了確保安全飛行，無人機還不允許完全自動化，必須要有人操控。目前採取的方法是，無人機向地面的無人機站傳送加密數據，工程師藉此進行監控飛行狀況，而未來目標當然是讓無人機監控轉成自動化。

業界最先獲得官方許可的 Google 送貨無人機服務，在大眾商用服務上也領先亞馬遜。亞馬遜雖然在英國與美國進行了好幾次高水準的運送測試，但是尚未獲得商業化服務許可。

為了提供社會送貨無人機服務而與 Wing 競爭的公司不只有亞馬遜，以色列新創公司 Flytrex 從 2017 年開始在冰島進行無人機物流運送試營運，而美國的無人機新創公司 Flirtey 是從 2016 年開始研發 7-11 便利商店的送貨無人機服務。全球物流公司 UPS 則是與 Matternet 公司合作，在美國北卡羅來納州進行運送醫療用品服務的實驗。

從送貨到救人，進化的無人機技術

無人機的使用範圍可說是無窮無盡，你曾想像過無人機不只能在天上飛，還能在水裡前進嗎？最近美國羅格斯大學就研發了可以在天空與水中偵測的海空雙棲無人機 Naviator。

Naviator 是潛水艇兼飛機的無人機，它可以潛入水下進行偵測，上到陸地後可以飛到空中。雖然早就有水中無人機，但是 Naviator 這種「變身能力」可以說是非常創新的技術。如果你認為無人機是只能運送東西的小機器，那你會很難想像海空雙棲無人機要用在哪裡。實際上，這種無人機在救援方面發揮了其優越性能，主持這計畫的迪茲（Javier Diez）教授就曾表示搜索救援協會對 Naviator 有很大的興趣。此外，它還可以設置在鑽油平台上，進行水中偵察任務，也可以進行水下橋樑檢查、搜索船隻等危險的水下作業，提升作業的安全性。

農業無人機的發展也值得矚目，原本人類在做的事改由機器人來做的話，最能將效率發揮到極大的正是農業。雖然早已經有可大範圍噴撒農藥與播種的商用無人機，但是未來的農業無人機將會與人工智慧、機器人融合，不再侷限於單純的勞動或代替人類處理辛苦的事，它可以分析收穫和灌溉時期以提升農業效率，成為改善農業環境的角色。首先，感測器與影像數位化（digital imaging）功能的農業偵測無人機可以提供農夫更清晰的農田景象，如果能提供鳥瞰圖以利確認水旱田狀況的話，農夫就能確認灌溉、土壤變化、蟲害、病菌等各種問題，再加上無人機可以每週、每日，甚至每小時顯示農作物的變化，讓人能事先推測可能會發生的問題。這可以幫助農夫們減少照看農作物的時間，把時間集中在生產上。除此之外，它還能追蹤家畜家禽、調查梯田、監控植物病原菌等等。

送貨無人機、援救無人機、水中作業無人機、農業無人機等等，這些無人機技術越來越進步，它們正在進入各個產業與人類生活之中。無人機現今的技術問題可以說是幾乎都解決了，商業化上主要剩的只是法規相關問題，像是侵犯他人隱私權、安全問題、噪音汙染、事故發生時的責任歸屬等等。雖然想要脫離指定城市、擴大服務範圍的話，至少要等到 2021 年之後，但是 Google 的 Wing 無人機已在澳洲、歐洲、美國獲得了許可，相當於通過了法規的第一關。當無人機技術突破了法規時，其服務會在各個領域中如何改善我們的日常生活，值得我們期待。

人工智慧操控的飛機到底能不能搭？

無人機技術可以進化到什麼地步呢？無人機技術越來越受人矚目的原因不是在於它能送食物和物品，而是科學家最終追求的是讓它在無需人類操控下進行飛行，它擁有成為大型無人航空機的潛力。

最近波音公司正在利用人工智慧研發為駕駛員導航的自動控制系統，試著尋找在沒有駕駛員的情況下進行客機飛航的可行性。究竟我們能搭沒有人類駕駛員的無人客機嗎？根據 2018 年對觀光客所做的調查，大部分的人回答是「就算成本會更便宜，也不會乘坐沒有駕駛員的飛機」。然而，其實現在大部分的客機大多是使用自動駕駛系統，能力比一般駕駛員厲害；而實際上在長距離飛行時，駕駛員們也會每幾個小時就啟動一次自動駕駛模式。此外，它還有在天氣因素導致視野不好的情況時，也可以著陸的自動著陸功能。自動駕駛系統早已像這樣安裝在許多飛機上，基本上也可以控制整台飛機。而人類駕駛員只是為了「後補」而堅守崗位，但是後補的位置遲早會被威脅。

為了自駕車、無人機而開發的新一代「軟體駕駛員」（software pilot）的總飛行時數很快就會超越所有人類駕駛員。結合龐大飛行數據與經驗的軟體駕駛員可能成為全球飛行經驗最豐富的駕駛員。其實，飛行經驗是具備駕駛員資格的最重要關鍵，一般人要取得私人用或商業用小型機駕駛執照，必須接受 40 個小時的飛行教育。而要取得商業用大型機駕駛執照，則至少需要 1,000 個小時的飛行教育。如果能使用軟體駕駛員的話，所有的飛機都可以安裝上「經驗最豐富的駕駛員」，因為軟體駕駛員系統只要一天的時間，便能達到一個人要花上一年時間的飛行時數。

當然，這不是要讓所有的控制權都交給人工智慧的意思。不過，軟體駕駛員在教育、測試、信賴層面上都超越了人類，並且可以發揮其最大優勢。電腦與人類不同，它會遵守每次一模一樣的教育系統，因此開發人員可以設計教育內容、測試反應與改善飛機的應對。

最重要的優點是其規模，它不是教數千名駕駛員新的技術，而是只要在數千台飛機上下載更新軟體就行。不過，這系統要能處理實際各種飛行狀況與承擔網路攻擊才行，因此它還需要透過實際狀況與模擬進行徹底的檢查。經過檢查後啟動的軟體駕駛員，不會出現人類駕駛員會出現的散漫、失去方向感、疲勞等遭成駕駛失誤的狀況。

而航空管制相關單位則是擔心人類駕駛員在遇到緊急狀況時，會沒有自行駕駛的能力，而是把駕駛權交給自動駕駛系統。完全自動化飛行的最大壁壘不是技術，而是心理，因為大多人無法相信電腦系統，並不想把自己性命交給電腦。可是，只要軟體駕駛員讓人類相信它擁有比人類駕駛員多數百倍、數千倍的飛行經驗的話，或許就能讓人類回心轉意。

未來如果有更多人在道路上使用自駕車、利用送貨無人機取貨的話，人們接受軟體駕駛員的可能性就會更高。航空業若是使用了軟體駕駛員，預計一年可以為他們省下數十億美元成本，而最終成本下降的受惠會回到消費者身上。

以目前發展來看，能讓一般人輕易接受軟體駕駛員的最好辦法，是把它介紹成與人類駕駛員一起駕駛的副駕駛員。從出發到抵達的過程是由軟體駕駛員負責駕駛，人類駕駛員只有在系統出現異常時才按照 SOP 介入操作。最終會如同現在全球機場都在使用的無人駕駛列車一樣，所有飛機終將迎來沒有人類駕駛員的那一天。

03

採用進化式演算法的機器人誕生

科幻電影出現的各種機器人型態裡，如果要你選出最有魅力的機器人，你會選擇哪種？有像《變形金剛》裡帥氣的跑車機器人，不過人們最喜歡的機器人還是《星際大戰》系列的 C-3PO、R2-D2。1970 年代電影裡出現的這兩款科幻機器人為科學家在研究機器人行為模式時帶來了不小的影響。知名的美國德州 A&M 大學機器人研究家羅賓墨菲（Robin Murphy）博士說過「最新的星際大戰系列電影《星際大戰外傳：韓索羅》中出現了可自行改造自己的機器人 L3-37 就是現今機器人學發展的重心目標」。

電影中的 L3-37 是一個說話很快又活潑的女機器人，儘管她的外貌是一般的機器人模樣，但是她自認是一名女性。她是一個和人類駕駛員一起駕駛太空船的副駕駛機器人，特徵是會改造自己的身體，在與其他機器人互動中不斷進化。這種進化與自我改造功能正是現今機器人學備受關注的重要關鍵字。

「自我修復」的模組化機器人

雖然現在的技術還無法製作出像 L3-37 一樣可以改造自己身體（如果機器人可以稱呼為身體的話）的機器人，卻已經踏入了可以變換組合的模組化機器人階段。故障時可以輕易修理的機器人技術在最近工業或醫療、家庭用機器人的開發上受到矚目，其中一個可以輕易更換故障部分的是「模組化機器人」（modular robot）。

模組化機器人是由好幾個部分組裝而成的機器人，所以一部分模組壞掉的話，它會自行去除那部分，再換上新的模組。它能自我修復的秘訣在於它擁有模仿人類神經網路的系統，即使外部沒有下達任何命令，它也會自行切斷連結的模組，換上新的模組。這種可以取代人類進入危險、狹窄環境的機器人可望為救援產業帶來新時代的發展。

一直以來我們對機器人的認知是故障的話只能丟掉或是由人類「手動」更換零件才行；然而，擁有自我改造能力的機器人可以自己解決問題，比能稍微自己移動又能完美處理單一作業的機器人更有經濟效益。

與模組化機器人相似的自我組合（self-assembling）機器人也正備受矚目。麻省理工學院電腦科學與人工智慧研究所開發的可自行移動與組合的 M-Blocks 就是這種機器人，小小的 M-Blocks 沒有安裝任何移動裝置，就能相互堆疊往上爬或跳、在地上滾，還能相連組成各種模樣。因為 M-Blocks 的每個棱角上都有兩個可旋轉的圓磁鐵，所以兩個方塊相互接近時，因為 N 極與 S 極吸引而自然地旋轉，也就是立方體任何一面都能相互黏在一起。

自我組合機器人的研究目的在於盡可能縮小模組，讓它成為可以自我組合、變身的微型機器人軍團。這樣一來，在緊急情況下需要修理橋樑或大樓時，可自行移動的方塊機器人就能變成重裝設備或梯子等現場需要的模樣，或是還可以更進一步地投入人類很難進行救援的環境評估問題後自行變換組合去解決問題，若再加裝上攝影機、照明、電池組等，甚至還能處理特殊任務。

會適應環境、自行進化的機器人

能自行替換零件、可以變換成各種模樣的變身機器人軍團的出現，令人不禁聯想到反烏托邦的未來。不過，有看似能超越人類能力的機器人，就也有還在努力學習走路的機器人，對機器人來說，要像人類一樣擁有可隨著環境「調整」走路方式的能力還是一件很困難的事。

要機器人飛會比走更簡單，儘管也有機器人可以像運動選手一樣跳躍或輕鬆打開門的，但是大部分都只能做一次。因此，機器人研究團隊們最近都在開發可以根據環境調整走路方式的機器人，而這意味著未來的機器人也會擁有像人類一樣的「適應能力」。

挪威奧斯陸大學研究團隊基於達爾文主義，在 2018 年使用進化演算法（evolutionary algorithms）製作出擁有四隻腳且移動得有點不順的 DyRET 機器人。它的特別之處在於它是自己「學習」走路的方式。有一款叫 Boston Dynamics 的四足機器人和 DyRET 的外形相似，但是必須進行周遭環境的定位，再按照程式設計的路線行動，而 DyRET 機器人則是配合周遭環境自行學習走路，這也是 DyRET 與其他機器人不同之處。研究團隊表示「因為之後的機器人會越來越複雜，必須用在變化多端的環境裡，所以除了走路或移動方式，DyRET 也會擁有適應外部環境的獨特能力」。

機器人行走的步伐距離、時間、腿的長度等等，各種參數都受到控制，而進化演算法可以優化這些參數，並「尋找」出最安全、可以快速移動的最佳方法。進化演算法就跟物競天擇一樣，瞭解「適應環境」才是最好的解決辦法。從結論來看，達爾文說的快速適應新氣候、地形的動物進化過程可能會更快出現在機器人身上。

歷史上，機器人都被派去做無聊甚至是又髒又危險的工作，它們會代替人類去像是受災地區或核電廠等不安全的地方。然而，它現在會自行修理故障的地方、適應環境，並找出最好的解決方法，再去執行稍微日常一點的任務。儘管它們要進到我們的生活之中還需要點時間，但是像電影一樣，機器人和人類合作的未來其實不遠了。

04

微型機器人與奈米機器人的發展

還記得 2015 年上映的電影《蟻人》嗎？這是部講述利用量子技術把人類變得像螞蟻一樣小，甚至操縱螞蟻進到人類無法進去的地底深處的電影。以現在技術來看，把人類變得跟螞蟻一樣小是不可能的，但是「微型機器人」卻有可能可以代替螞蟻的角色。

如果你很疑惑為什麼要讓微型機器人進到地底的話，請想一下讓尖峰時刻變得更塞車的道路施工現場。根據英國某項調查顯示，每年有 150 萬件以上的道路施工案，而大多數的案件起因於水管漏水、電纜故障，最終造成交通壅塞、生意損失，使得總體道路施工必須花掉 80 億美元的龐大預算。

英國雪菲爾大學格里（Kirill Horoshenkov）教授帶領的研究團隊正在研發微型機器人，為了就是尋找可以大幅節省道路挖掘預算的方法。他們所開發的微型機器人分成檢查用和作業用，檢查機器人隨著地底設施的結構進行管線檢查，作業機器人則是使用水泥接著劑進行修理或用高噴流方式清除堵塞；檢查機器人大約 1 公分長，能夠自行移動，而作業機器人稍微再大了一點，採用遠距操控。

這項計畫成功的話，英國政府將會投資 2,400 萬美元，預計每年光是靠微型機器人就可以省下 64 億美元。另外，可以檢測核電廠廢氣等危險環境的機器人、監控石油管線的無人機、可檢查運行中的衛星是否需要維修的人工智慧軟體等研究也在進行中。

直徑1公分微型機器人的潛力

目前英國正在開發的微型機器人，擁有被實際用在各個領域的潛力。因為微型機器人很小，所以能進入狹小的空間偵查與救援，也因為集體機器人（Swarm Robotics）技術的發展，讓它們能進行各種功能的合作任務，像是建築計畫等等。儘管目前能使用的微型機器人數量有限，但是這問題很快就會被改善。

專做渦輪的勞斯萊斯股份公司（不是汽車公司，而是做飛機渦輪的公司）計劃使用微型機器人來檢查製作渦輪的 25,000 個零件，而他們正與諾丁漢大學、哈佛大學合作開發這款檢查作業的微型機器人。微型機器人可以進到渦輪裡面的話，就能透過微型機器人身上的小型攝影機即時確認內部狀態，還可以檢查人類很難接近的部分。雖然已經開發出了 4.5 公分大小的微型機器人，但是勞斯萊斯還是持續開發更微小的機器人。如果成功開發出檢查用微型機器人的話，估計也能開發出能保養和維修設備的機器人。另外，與他們合作的大學也在開發可永遠內嵌於渦輪內、大約鉛筆大小的檢查機器人，它能大大減少原本需要花上一個月以上的渦輪保養檢修作業時間。

人體內的醫生，奈米機器人的成功案例

微型機器人越來越小，專家們甚至開發出了奈米機器人。法國 Femto-ST Institute 的研究人員們使用了奈米機器人打造出了高度僅 0.015 公釐、面積僅 0.0002 公釐，全世界最小的房子。建造奈米房子的目的在於它證明了奈米可以在光纖上打造東西，也希望這項技術將來會在機器人學與光學上發揮重要作用。

這些越來越小的機器到底要用在哪裡呢？最能發揮奈米機器人功能的領域之一就是醫療領域了。目前已有一部分的研究成功利用可進入血管的超微小機器人投放藥物在複雜的生物組織裡，而這種藥物投放方式具有治療癌細胞等各種疾病的巨大潛力。

奈米機器人也可以用在外科治療。香港中文大學研究團隊就因為開發了可以使用數百萬個奈米機器人進行的簡便外科手術法而受到矚目。他們開發的是一項奈米群體機器人技術，可以控制奈米機器人聚集成一個團體或是散落各處行動。這讓人聯想到大自然中數千隻、數百萬隻動物成群結隊，可以形成各種團體模式、相互交流。奈米群體機器人是靠磁場驅動，可以組成各種團體形式，也能散落各處去完成自己的任務，必要時再聚成一團。可以重組的奈米

群體機器人與單一構造的微型機器人相比，其可變化自如的形態程度更高。

最先提出「奈米技術」（nano technology）一詞的奈米科學創始人德萊思勒（Eric Drexler）主張「奈米技術往後會改變人類的一切，並為人類帶來生活革命」。從最近的研究來看，微型機器人、奈米機器人的確在急速發展中。研發雖然尚在初期階段，但是目前全球進行的各個成功案例與計畫都顯示出微型機器人、奈米機器人可以整修城市、治療癌症，還可以成為最迷你的日常生活助手。

05

靠智慧型微塵尋找解決空氣汙染的辦法

機器人最優秀的能力之一是它能進到人類無法接近的領域去收集各式各樣的資訊。最近麻省理工學院開發出了一款機器人。這款機器人是由可辨識周遭環境與儲存數據且只有細胞大小的 2D 物質所組成，它的電子電路是由膠體製成，膠體是黏在微小粒子上的感測器、電腦、記憶體的綜合體，它不溶於水，還可懸浮在液體或空氣中。麻省理工學院研究團隊計劃在未來將這款機器人放入人體裡監控器官狀態，或是放入石油、天然線管線裡監控其化學成份狀態。

膠體和電子工程的初次結合

膠體大概只有人類卵子般的大小，在液體或空氣中可以一直維持靜止狀態。研究團隊表示它比可以自行推進的微型機器人、奈米機器人能移動更長的距離。

以前也有科學家研究膠體，不過這次研究值得關注的地方在於，這是膠體與電子工程的初次結合。一般標準的矽電子必須附著在平坦的表面，再加上供電問題，所以要讓它附著在微小粒子上並不簡單。因此，研究團隊使用了石墨烯等各種薄膜材料做實驗。

麻省理工學院這次開發的 2D 機器人是可以不用接受外部動力供給，也不用內附電池就能自行移動的機器人。當它吸收光子時，可以利用能製造小量電流的光電二極體（photodiode），為電子迴路的運算與記憶體作業提供所需的小量電力。研究團隊讓這種電力供應源分別附著上化學感測器、記憶體，讓它收集、處理與儲存周遭環境的資訊。因為這種機器人無法主動傳送數據，所以加裝上了能讓雷射掃描器接收數據的微型反射裝置。他們也預計會再加入通訊功能，如此一來，任務完成後機器就不需要用物理方式收集資訊了。

偵測汙染物質、有毒物質、腫瘤的機器人

這種機器以後可以廣泛運用在監控大範圍內的細菌、塵埃、氣體，也就是在大氣中散播膠體組成的「智慧型微塵」（smart dust，擁有感測器、電算功能、雙向無線通訊功能及電源裝置的超小型電子設備）。

智慧型微塵一開始是開發用在軍事上，目的在於丟到敵營去

偵測敵軍是否持有生化武器，或是當作無人偵察機使用。不過比起用在軍事上，近來更常被集中用在擴大人工衛星、無人機軍團、地上感測器網路等和我們生活密切相關的領域。

為了親自實踐這個想法，麻省理工學院研究團隊在固定空間內噴灑智慧型微塵，並偵測到了三甲胺的化學物質。他們也在汽車引擎、工廠、發電廠裡進行有害物質偵測實驗，研究團隊將膠體機器人噴灑在表面平坦的三個地方會偵測周遭環境。

這種超小型膠體機器人可以放入天然氣管線或石油管線，偵測管線是否有異常或是檢測內部化學成份的變化，因為天然氣公司、石油公司一直以來要使用巨大的偵測設備去一一檢查管線是否有異常。另外，膠體機器人也可以用在醫療領域，它可以進入人體內的消化器官，偵測是否有腫瘤出現等各種資訊。

當然，要實際應用這套系統前還有一堆必須先解決的問題，例如由機器人組成的無機物質很有可能不適合生物的身體，所以在投入人體使用之前必須進行嚴格的毒性試驗研究。此外，目前的技術還無法準確記錄何時以及在哪偵測到了化學物質。

即便如此，這款機器人的功能還是比奈米機器人進步非常多。2D 電子工程與膠體粒子的結合是奈米機器人的新領域，也因為它擁有龐大的潛力，所以更令人期待它往後的發展。我們離由膠體機器人組成的智慧型微塵四散在城市之中，保護我們遠離汙染物質、有毒物質、疾病的那一天也不遠了。

06

既可娛樂又可預測疾病的 VR 技術

全球目前有將近 5,000 萬人有失智症，世界衛生組織（WHO）曾提出警告，大約在 2050 年時，患有失智症的人口將會比現在增加 3 倍以上，增長到 1 億 3,500 萬人。也就是說，就算科技的發達使人類更接近一直期盼的長生不老了，但是罹患疾病的人也在增加，失智症成了必須快點解決的問題。

為此，研究團隊正在利用大數據與人工智慧開發可以預測是否會罹患阿茲海默症的技術，而最近出現了一項引人關注的新研究結果，VR 技術比現在使用的標準認知功能檢查更能準確檢查出阿茲海默症的初期症狀。這項研究不只有可以診斷與監控阿茲海默症的功能，還讓我們看到了 VR 技術運用在醫療產業的潛力。

為了發現早期失智症而努力

我們要如何使用 VR 技術辨別罹患失智症的高危險群病人呢？

那就是讓人使用 VR 眼鏡來找路。當人罹患阿茲海默症時，大腦裡擔任導航功能的嗅腦皮質會最先產生病變，而我們透過對這部位的測試可以確認是否有初期症狀。在這項檢查中，如果受測者對於找路很棘手的話，那麼罹患失智症的機率就會提高。

倫敦大學學院的尼爾・伯吉斯（Neil Burgess）和劍橋大學三一學院丹尼斯・陳（Dennis Chan）教授合作的研究團隊針對 45 名輕度認知障礙的老人與 41 名正常老人進行了一項實驗，讓他們帶上 VR 眼鏡並找到指定的場所。實驗結果顯示，在這個找路的遊戲裡，患有輕度認知障礙的老人們的成績比所有正常老人還差。之後研究團隊為了深入確認是否存有誘發阿茲海默症的乙型澱粉樣蛋白等生物指標，再次針對輕度認知障礙的老人為對象進行調查。結果顯示 45 人之中有 12 人的乙型澱粉樣蛋白檢查呈現陽性，而陽性反應的老人在找路遊戲的成績比陰性反應的老人還低，這也證明了 VR 找路測試比用紙、筆做的認知功能測試更能準確辨識出失智症的高危險群病人。

這項 VR 測試可以幫我們延緩阿茲海默症的惡化以及監控病情，進而開發可以有效治療病情的新藥。現在，治療阿茲海默症的藥物實驗第一階段都是使用實驗老鼠進行動物實驗，因為齧齒動物找路能力的腦細胞與人類相似。科學家為了確認藥物是否有療效，會將白老鼠放入迷宮，測驗牠們是否能記住走過的路、找到隱藏的路線。但是這種實驗很難直接讓人類去做，所以也是臨床試驗上一直以來的問題。不過，這次的研究象徵著我們可以用 VR 技術直接對人類進行臨床試驗。

以後，VR 技術將能成為診斷阿茲海默症與監控病情的決定性角色。丹尼斯・陳教授還與劍橋大學的行動式、穿戴式系統與擴增智慧中心的科學家們合作開發可以感應阿茲海默症的信號與監控病情的 APP。這個 APP 不只測試找路，還會收集使用者日常生活出現的變化，也就是捕捉病情出現的警告信號，讓使用者盡早發現阿茲海默症的早期症狀。

雖然 VR 技術目前主要是在娛樂、不動產等領域大放異彩，但是因為還有很多具有潛能的設備與內容正在開發中，所以日後 VR 市場會更無止盡地發展。另外，考量到目前還有發展空間的研究，估計 VR 技術十年後會成為醫療診斷與治療的必備技術。

07

AR 讓任何人都能成為「速成專家」

Google 地圖是出國旅行時必備的 APP，不過大家應該都有過看著地圖還是找不到路的經驗，尤其是方向感不好的人。對第一次走的路感到害怕、不熟悉的地名，尤其是光靠平面的智慧型手機顯示的地圖找路更是不容易。現在，這個難題將會走入歷史。

2019 年 2 月 Google 推出了「Google 地圖 AR 導航 APP」測試下載，它是透過 AR 功能在實際道路上顯示導航標誌的技術。Google 地圖 AR 程式使用智慧型手機的相機鏡頭，讓畫面同時出現實際道路與地圖來進行導航。它會在實際建築物、道路畫面上標示箭頭，比原本的地圖更能準確地讓人找到路，毫無困難地到達第一次要去的地方。但是，我們不能將 AR 技術小看成只是「幫助我們找路」的技術。AR 技術不只有 GPS 功能，還可以讓我們隨時隨地接收到需要的知識，是一項能改變我們生活的潛力技術。未來，我們將能依靠 VR 技術活在「速成客製化專家」（instant and on-demand expert）的世界。

任何人都能成為專家

幾年前任天堂的AR手機遊戲「寶可夢」爆紅，那時全世界的人一定都曾好奇AR以及其原理。AR技術的特點在於它能和現實世界進行互動，也就是能夠結合虛擬世界與現實世界。雖然AR服務擴展到了購物、娛樂等我們的日常生活中，但是實際上將AR技術用在獲取專業知識上會更有用。

Scope AR是一家位於舊金山的AR技術研發公司，共同創辦人兼執行長的史考特（Scott Montgomerie）曾說「這也是一種驚人又直接地根據使用者需求而提供資訊的方法」。他們專門為技術尚未成熟的技術人員製作可以指導如何組裝設備、維修、服務顧客的AR程式。Scope AR的顧客大多數是缺乏可以維修工廠設備的員工，或是維修人員離工廠太遠的公司。

過去，大部分的公司會派專業維修員去解決問題，然而有許多都是只要知道解決方法的話，就能輕鬆修理好的問題。以速食餐廳漢堡王與麥當勞為例來說，當炸薯條的廚房設備故障時，漢堡王並沒有訓練會修理設備的員工。當然，公司通常會聘請外包公司來解決問題，但是有滿多承包商都沒有使用或修理這些設備的經驗，這造成第一次上門的維修人員很難確認正確的故障原因與做出適當的維修。然而，維修人員如果接受AR技術的幫助，一般維修業者也可以根據經驗豐富的專家指示，輕鬆檢查出問題所在。就像在實際道路上用箭頭導航的Google地圖AR程式一樣，它會在實際設備上面顯示哪裡需要維修、怎麼維修。Scope AR 的這款 AR 服務只要上門訪問一次就能解決問題的比例幾乎達到 100%，可見它能讓許多公司更有效地減少時間與成本。

執行長史考特曾以 IKEA 傢俱組裝為比喻解釋 Scope AR 的作法：「大部分人在組裝 IKEA 傢俱時，都曾經歷過因為看不懂紙張上的說明與混亂的圖案，而在對比實際的立體傢俱與只用線條畫出的圖時產生問題。但是，如果有人可以在人們面前組裝 IKEA 傢俱，教導組裝順序和方法的話，當大家在看說明書時，就再也不會感到混亂了。」

使用者使用 Scope AR 親自修理汽車的模樣，藉由箭頭可以知道哪裡需要修理，以及如何修理。

往太空發展的AR技術

Scope AR 還有另一個驚人的事蹟，他們還協助美商「洛克希德馬汀」的工程師打造去火星旅行的美國太空總署（NASA）獵戶座太空船。如果按照原本建造太空船的方式，工程師必須先閱讀完三千頁零件說明書才能開始製作太空船的專用設備。接著，工程師們將說明書放在桌上翻，尋找正確的扣件，記下力矩設定的方式將扣件拴緊。在進到下一個階段前，他們必須再一次接受作業品質的查核。這樣的流程自然很耗時又容易發生錯誤，不過現在他們使用微軟的混合實境頭戴裝置 HoloLens 就能看到作業資訊，一旦可以在 3D 空間裡看到各階段的說明書，工程師便能確定必須要做的作業、力矩設定、扣件位置，也可以拍照做品質確認，之後便能馬上進入下一階段作業。

洛克希德馬汀公司表示，HoloLens 的 AR 技術取代了紙本說明書後，為他們節省了 85%的教育訓練時間。他們也將這項設置套用在其他製造流程，並改善了 42 至 46%的效率。波音、空中巴士（Airbus）、奇異（GE）等公司也正計劃使用 AR 說明書來大幅提升生產效能，因此預計之後還會有更多的製造業公司使用 AR 技術。

再更進一步的話，一般家庭未來也能使用 AR 技術，每個人都能隨時隨地獲得所需資訊。以往必須到汽車維修中心維修的複雜問題，即使我們沒有專業知識，也可以透過 AR 技術在家維修。還有，

IKEA 傢俱組裝再也不是難事了。我們看著平面螢幕學習知識的時代將要開始，無時無刻在 3D 空間學習需要的資訊，全部人都成為「速成專家」的那一天也越來越近了。

08

超連結時代與進化中的智慧城市

現在，每週都有約 130 萬人口湧入各地城市，城市化的速度已經到了無可抵擋的程度。預計到了 2040 年時會有約 60%的全球人口集中在城市，而往後數十年間的城市人口成長中會有 90%集中在亞洲與非洲的城市。全球已經有 1,000 個的智慧城市試點計畫（Smart City Pilot Projects）在建設或是進入最後計畫階段。

連結不動產、能源、感測器、網路、運輸等許多產業的未來城市很有可能完全改變人類的生活。現在讓我們從數據與智慧基礎建設、綠色城市的觀點來瞭解全球進行中的先進智慧城市。

與1兆個感測器數據互相傳輸的都市

在大部分的城市裡，數據分散在企業、公家機關、非營利組織、個人資料庫，標準化做的不是很確實。不過，為了掌握與應對城市的趨勢，我們需要收集所有建構現代經濟的各層面數據，像是交通流量、人潮流量、個人交易、能源使用量的變化、個資安全保護等。

為了使用可以實現公共服務自動化、交通流量彈性化、智慧保全、城市計畫最佳化等的指數型科技，能夠即時分析資訊變化是必備的條件。還有，從智慧停車到廢棄物管理，全球各地先進城市已經紛紛在各領域建設能結合各種標準與找出執行方法的集中式數據平台。

中國南京可以算是代表性的城市。南京市有 1,000 多台計程車、7,000 台公車、100 萬台以上汽車安裝了感測器，並且每天在實體網路與虛擬網路間收集數據，而所收集的數據會傳送到南京資訊中心，由專家們分析交通資訊後再將結果傳送到使用者的智慧型手機，為他們設計出新的交通路線。因為這種即時資訊可以降低資本密集型交通與大眾交通重建的必要性，並將原有資產的價最大化，所以它能幫助數百萬人節省時間與提高產能。

感測器的普及與都市互聯網的增加不再只是負責控制交通流量，而是可以讓我們即時監控整個城市的基礎設施系統。義大利國家鐵路公司（Trenitalia）在所有火車上裝有感測器，可以即時上傳各輛列車的設備狀態。因為它能在系統故障前預測出問題，所以城市不再會因為列車故障而造成交通混亂了。另外，義大利國鐵沿著 5,000 公里長的鐵道設置了可以偵測到感測器的新 LED，當路燈運作不正常或越來越不亮時，幾乎可以馬上維修，或是甚至在出現問題前就能感應到問題。

另外，總公司位於中國杭州的電商巨頭阿里巴巴，目前正在打造地球上最快反應數據的城市大腦計畫。這個計畫會透過人工智慧平台，集中管理安裝於全市的監視器與感測器，並處理從交通狀況與天氣預報，到交通事故以及市民健康等緊急狀況的所有數據。杭州的城市大腦觀察著 800 萬名市民，並控管著超過 1,000 個紅綠燈。城市大腦系統的試營運已經獲得了有意義的成果，像是為了讓救護車行駛順暢而設計行駛路線與調整紅綠燈，並在事故率高的地方安排交通警察，這使救護車的出動與行駛時間縮短了一半。

感測器與人工智慧的融合讓我們不只能監控道路、交通流量、交通事故，還能監視人民、分析人潮流量。像是中國的商湯科技這類公司開發的軟體就能辨識車牌號碼和人臉，還能監控人潮流量以及找到通緝犯，甚至還有一部分的研究團隊會利用人潮流量監控數據來進行疾病散播的預估研究。除了這些自我監控城市與城市人工智慧以外，如果基礎建設可以在需要維修時能自行維修的話，又會怎麼樣呢？

可自行修復的基礎建設

美國運輸部估計美國基礎建設一年維修費要花 5,426 億美元，可是成本最高又令人頭痛的事，有時也會成為可以獲得最大利益的商機，開發「能自行修復的材料」正是其中之一。

首先我們先瞭解混凝土。荷蘭台夫特科技大學為了延長橋樑、道路與其他基礎建設的使用壽命，研發了可以自行修復龜裂的生物混凝土（bio concrete）。他們將可以生產石灰石的細菌放入微型膠囊並分散在混凝土之中，這就是與乳酸鈣（Calcium Lactate）混合的新生物混凝土之核心成份。當混凝土發生龜裂，接觸到空氣和水氣後，細菌就會甦醒。細菌會像發條一樣開始將圍繞自己的乳酸鈣吃掉，接著生產天然的石灰密封膠，在混凝土的小龜裂變成道路上的大問題前先將裂縫補好。

這種生物混凝土只是自行修復材料技術的開始而已，許多未來主義建築公司已經開始使用塑膠與碳纖維材料補強建築，工程師們也在研發可自行修復的塑膠材料。塑膠不僅在不動產裡具有發展性，在航太方面也是很有用的材料，NASA 工程師就正在為了預防太空居住艙和太空船的破裂而開發能用於執行太空任務時自行修復的塑膠材料。其實，自行修復材料的適用範圍非常廣泛。

另一個具有潛力的材料是像魔法一樣的石墨烯，它是物理學偉大的發現之一。它比鋼鐵還要強硬 200 倍，厚度卻是超薄膜。石墨烯的價格下跌的話，基礎建設就能使用可抵抗氣候影響的最強力鍍膜，再延長設施的壽命好幾倍。有一些工程師甚至還提出了使用石墨烯打造高 30 公里的建築物方案。

如果說生物材料與新聚合物材料可以建造出自行修復的都市，那麼奈米材料、微型材料就可以建立智慧型又能自行充電的建築，創造新的綠色城市。

自給自足的未來綠色城市

在能源領域和水資源領域的指數型科技實際廣泛應用下，能自行充電的城市正在成為綠色城市試點計畫的目標，它將打造自給自足的未來社會。此外，新材料的出現與太陽能窗戶的商業化也吸引了許多關注，過去幾年各種研究團隊每天都在研究窗戶反射的陽光，努力地研發可以將陽光轉化成能源的矽奈米粒子，讓窗戶邊緣成為家庭裡最小的太陽能電池，且可以吸收能源、馬上使用。

密西根州立大學的研究團隊發明一款新的太陽能聚光器（solar concentrator），它是使用不可見光的紅外線和紫外線，再傳送到架設在窗戶邊緣的太陽能電池。無論是遮陽網、電子機器、玻璃窗、高樓大廈的反射玻璃等，這種看不到可見光的太陽能電池在任何地方都能生產能源。

除了自行充電窗戶，未來城市計畫更大膽地以太陽能發電廠與綠色能源為目標，杜拜的策略計畫 2021（Strategic Plan 2021）就是代表案例。2015 年阿拉伯聯合大公國總理穆罕默德（Mohammed bin Rashid Al Maktoum）推出了《杜拜綠色能源策略 2050》（Dubai Clean Energy Strategy 2050），目標是到 2050 年時杜拜使用的能源之中 75%要來自綠色能源。他們計劃在 2030 年前打造全球規模最大的 5,000 千瓩單一太陽能計畫，以及往後十年內總能源需求的 25%將由太陽能發電廠生產。

計畫內容還包括了 25%的城市建築將由 3D 列印技術打造；

25%的交通工具自動化；種植數百棵太陽能的人工樹木；提供整個城市免費 WIFI，與設置資訊映射螢幕、充電站。在綠色環境技術與再生能源領域裡領先全球的杜拜是綠色城市的代表例子，他們正在實現可以自給自足又繁榮的生活。除了杜拜，其他城市也正快速實踐相似的計畫。中國的雄安新區是中國 500 個智慧城市建設案中的領先地區，目標是建立一個能百分之百使用綠色能源的經濟區。雄安新區往後十年的計畫總投資達 3,570 億美元，人口擴大到 670 萬人，並引領民間部門帶動創新。

因為新材料可以打造出具有彈性又能自行修復的結構，所以基礎建設的綠能技術在市場上競爭將越來越激烈。未來，城市將會變成有能自行充電的建築、綠色城市生活模式、能源生產量高於消費量的城市。還有，5G 通訊網路與感測器普及、集中式人工智慧應用平台可以監控與分析城市環境的一切，所以系統可以即時反應分析結果與應對問題。人類的日常生活將在往後十年產生巨大的改變，在人類與城市互動的未來裡，將城市本身視為像人類一樣具有智慧的有機體可能會更自然一點。

第4章

利用生技革命尋找未來的出路

拯救更多生命，為人類謀求更好的出路

01

2020 年正式展開的四項生技革命

科學界發生的革命比其他領域要來的更加激烈、更加有衝擊性。其他技術可以改變、改善人類的生活，生物科技則是可以改變人類一切本質的潛能。即使到了 2019 年，我們依然可以看到科學界如火如荼變動著。接下來的內容是計劃進行到 2020 年的臨床試驗，並且在生技領域有很大進展的最新新聞。儘管 2018 年我們預測了治療遺傳基因的產品在 2019 年時會獲得廣範圍的許可，但是大部分的結果都被推延了。或許現在的預測最後也會脫離我們的預料，不過，我們還是必須瞭解目前有什麼技術，以及這些技術離我們有多近。

基因改造的不孕蚊子誕生

基因驅動（gene drive）是一項可以將改造過的基因快速傳播出去的技術，這項技術會透過基因編輯（gene editing）讓基因改造的生物進行繁衍交配，以徹底改變該生物群體好幾代的基因。因此，基因驅動的這種概念也為許多人帶來了恐懼。

比起基因編輯 CRISPR 技術或其他基因編輯工程，基因驅動能帶來更有影響力的結果與嚴重性。可以改造精子、卵子、胚胎的基因編輯技術通常只會給一個家庭、一條基因線帶來影響；基因驅動則有改變整個「種族」的力量，簡單來說它是一小塊基因密碼，幾乎是百分之百可以幫助父母把基因遺傳給子女。基因驅動完全打破了一半基因來自父親、另一半基因來自母親的常識。

換句話說，只有在必須改變整個種族的基因時，才能考慮是否使用基因驅動工程。雖然這聽起來很像是電影裡有著強大反派的故事，但是科學家們計劃將這項技術應用在傳染病源的蚊子或老鼠等齧齒動物上。其中，蚊子的基因改造實驗已經開始了，如果放出少數幾隻突變體的蚊子，讓牠們負責運送使蚊子不孕的基因驅動的話，那我們就能完全消滅帶來瘧疾、登革熱、茲卡病毒等的所有病媒蚊。

2018 年聯合國慎重地批准基因驅動技術可以在有條件的地方使用，而現在研究團隊正在非洲布吉納法索進行基因改造蚊子的實驗，這也是基因驅動技術首次的實地實驗。這次實驗只針對帶有瘧疾的瘧蚊（Anopheles），第一階段已釋放出一萬隻以上的雄性蚊子到野生，而科學家們會觀察這些負責搬運基因驅動的蚊子們如何存活與擴散。他們讓帶有可以殺掉雌性蚊子的基因改造蚊子與天然蚊子交配，向天然蚊子傳遞不孕基因，這也是「蚊子」（Mosq）計畫基因驅動工程策略的一部分。駭入基因排序，拯救數百萬人性命的蚊子計畫預計將在 2024 年正式啟動。

流感萬靈丹

可能有些人認為流行性感冒只是個很煩人的疾病，但是根據美國疾病管制與預防中心（CDC）的統計，流感是一種每年會奪走數十萬人性命的致命疾病。流感病毒變異速度非常地快，我們幾乎不可能馬上做出有效的疫苗，所以可以說是一種很難對抗的病毒。為此，科學家們動員了所有的人力與資料，致力於研發可以治療所有已知與未知變種的萬能疫苗。然而，就如同它被稱為藥學界的聖杯一樣，開發流感萬能疫苗是一件相當困難的挑戰。

2019 年 4 月時，以色列 BiondVax 公司開發的首款萬能疫苗進行了三期臨床試驗，這意味著該疫苗已經在少數實驗者身上驗證了安全性與效果，並且進入了以更多人為對象的實驗。這款疫苗的特徵是它不使用死掉的病毒，而是使用組成蛋白質結構的胺基酸序列，藉以刺激人體免疫力系統達到高警戒狀態。

另一方面，美國政府也投入了 1 億 6,000 萬美元在這類研究上，且已經有幾款候選的萬能疫苗進入了臨床試驗，預計將在 2020 年找到新的突破。

人體內的基因編輯技術

基因編輯 CRISPR/Cas9 技術在過去幾年間一直是科學界最大的話題，不過其實有一個和它相似卻未能廣泛傳播的技術，那就是人體內的基因編輯技術（In-body Gene Editing）。

2018 年 9 月位於加州里奇蒙市的 Sangamo Therapeutics 製藥公司為了治療無法分解黏多醣的罕見疾病韓特氏症（Hunter Disease）病人的基因缺陷，設計了基因編輯酵素，並注射進病人體內。韓特氏症是一種因為無法生產 IDS 酵素而產生的遺傳病，IDS 酵素負責分解人體內的黏多醣，當無法分解的黏多醣堆積起來時，可能會危害到肺、心臟等器官。這套技術和「抽取」人體的細胞後，重新編輯基因序列，再次「注射」回人體的 CAR-T 技術明顯不同。Sangamo Therapeutics 的技術是將編輯過的基因直接注射進人體內，這種方式比其他基因治療方式更進步。不過，因為現有的基因治療方式都無法精準地將健康基因插入正確地方，所以人們多少會擔心注射的基因可能會傷害到其他重要的基因。目前為止這項技術看起來很安全，但是還需要些時間驗證成效。

如果人體內的基因編輯技術接連成功的話，這意味著我們將有可能只要幾次的注射就能治好致命的遺傳疾病。如果 Sangamo Therapeutics 公司的臨床試驗出現好的結果，日後人體內的基因編輯技術會加倍受到關注，也能提高治療各種疾病的可能性。

Neuralink和腦機介面

伊隆・馬斯克因為想開發出人類大腦直接連接人工智慧的技術，所以在 2016 年建立了新創公司 Neuralink。Neuralink 公司正在做的事就像科幻小說裡才會出現的事一樣，他們正在嘗試利用移植到大腦的微小粒子，以物理學的方式連接矽元素硬體（silicon hardware）與網路。馬克斯在最近舉辦的活動上公開了一項還在研發中的技術，這是一項可以利用神經細胞的腦機介面（brain-computer interface，簡稱 BCI），以治療疾病或提升能力為目標。

對打造人類與人工智慧共生關係抱有熱情與想像的不只有馬斯克一人。為了治療全球醫院裡的腦麻痺、記憶喪失、神經受損的病人們，研究團隊正在努力開發腦機介面，並自認獲得了成果。再更深入來說，2020 年可能會發展到不需要腦機介面和神經調節器之間的「線」，即不用外部的監控，電子也將能自行在大腦裡運作，而為了降低副作用，只在需要的時候對電子進行刺激即可。或者他們可以允許科學家們不使用光纖，而是用光來控制大腦。這只是根據病人大腦微調神經治療過程的第一步而已，2020 年這個領域將會獲得更多的進展。

02

「客製化嬰兒」的實現

2018 年 11 月，一則轟動全球科學界的核彈級新聞被報導出來：有科學家使用可以剪貼 DNA 的基因編輯 CRISPR／Cas9 技術，成功在胚胎階段完成 DNA 客製化的嬰兒，「訂製嬰兒」（designer baby）實際誕生了。中國南方科技大學教授賀建奎使用了基因編輯技術，讓一對愛滋病免疫的雙胞胎嬰兒成功出生，因為這對雙胞胎是世界首例人為「基因設計」下所誕生的，所以在安全與生命倫理上遭到全球嚴厲的批判。

我們該如何看待這則新聞呢？在全球的批評聲浪之中，賀建奎教授主張這是用創新技術做善事：「那些父母懇求我幫助他們可以擁有健康的嬰兒，所以我編輯了愛滋病遺傳基因 CCR5，讓那對父母可以抱得基因健康的兩名女嬰，這也讓患有愛滋病的父親找到了必須活下去的理由。」如果這是拯救人類脫離高死亡率的愛滋病，為什麼全球科學家會如此憤怒呢？

賀建奎教授的這次舉動引起軒然大波的原因，在於他編輯了人類處於「胚胎階段」時的基因，他在人類胚胎階段進行基因編輯的行為，很可能會讓產生變化的遺傳形質也傳給後代子孫，再加上現在無法完全確認是否會產生基因突變，以及長期與潛在的影響是什麼，所以這項技術仍存在許多危險因素。而且，根據研究結果顯示，CCR5 基因產生異變的話，即使不一定會感染愛滋病，但是會變得容易罹患其他疾病，導致壽命縮短的風險爆增。因此，有些科學專家認為這已經不再是倫理問題，而是因為以現有資訊還無法完全掌握基因突變的副作用，所以覺得這項技術非常危險，並對此感到擔憂。

然而從正面來看，這項可以改變與設計 DNA 的 CRISPR 技術的確也提升了治療許多疾病的可能性。最後，我們還可以從這次事件中得知，CRISPR 技術已不再處於實驗階段，而是正在走向實際的醫療現場。

跨出實驗室，安全抵達醫療現場的CRISPR技術

2019 年 4 月，CRISPR 技術又發生了另一件里程碑級的事件，在美國賓州大學出現了首次使用 CRISPR 技術成功治療兩名癌症病人的例子。這兩位病人一位有多發性骨髓瘤，另一位有惡性肉瘤。其中惡性肉瘤是只占了 1%癌症患者的罕見癌症，診斷與治療是出了名的困難。而這項試驗在幾個月前完成了治療，雖然還無法斷定兩位病人是否完全從癌症中解放、治療是否有效，但是醫療團隊以

目前情況預估將會有一個樂觀的結果。

賀建奎事件和這次事件不同的地方在於不是在胚胎階段進行基因編輯，而是在治療疾病的過程中使用。他們提取癌症病人的免疫系統細胞，並在實驗室編輯他的基因後，再將編輯過後的細胞重新注射回病人體內。也就是這種 DNA 改造治療方式只在病人自身上進行與結束，所以沒有掀起大眾反烏托邦的恐懼。

這種用於治療不治之症的基因編輯以及提高技術準確度的研究正在不斷進行中。首先，中國科學院深圳先進技術研究院、中山大學、華南農業大學和美國麻省理工學院共同組成了研究小組，正透過使用基因編輯 CRISPR 技術開發治療自閉症的藥物。自閉症的比例約為每一千名小孩之中會出現一名，且到目前為止還沒有開發出藥物，不過最近研究人員使用基因編輯技術在神經科學上找到了自閉症發病的原因，這也讓我們更接近治療藥物的開發了。

此外，瑞士 CRISPR Therapeutics 和美國的福泰製藥（Vertex Pharmaceuticals）也在使用基因編輯技術進行遺傳性血液疾病（血友病）的治療；而位在劍橋市的愛迪塔斯醫藥公司（Editas Medicine）資助的研究則是將技術用於治療遺傳性視覺障礙的萊伯氏先天性黑矇症。

請關注數十億美元的商業模式

基因編輯技術現在已經成為商業模式的一種，而且預計以後還可以做到更多事。基因編輯除了治療疾病以外，也可以用來擴展農作物與家畜家禽的經濟價值。因此，基因編輯技術專利的潛在價值預估可達數十億美元，每年相關專利取得也將呈現激增趨勢。

現在人類來到了可以決定生命進化的臨界點，問題在於人類是否能帶著責任心去使用這個可以幫助自己的新力量。在中國出現了訂製嬰兒後，有人擔心基因編輯研究會遭到限制，但就算是以消極角度去看的話，這項技術的潛力依然非常龐大，因為它可以治療癌症或是不治之症等那些曾危害人類生命的疾病，是能帶來希望的技術。

已離開實驗階段的基因編輯技術要在醫療上廣泛使用的話，應該還要再花上數年的時間，如果考量到指數型成長科技的發展速度，它可能會比我們想的要更快地在醫療前線占有一席之地。因此，在法律、制度與處理倫理的問題上，科學家們需要先持續地討論解決方案。另外，個人、企業、政府也需要提前思考該怎麼準備與面對由這些變化所形成的未來社會。

03

即將改變未來食品業遊戲規則的人造肉

前英國總理兼諾貝爾文學獎得主邱吉爾在 1932 年寫的〈五十年後〉（Fifty Years Hence）中預測了「五十年後的人們不會為了想吃雞胸肉、雞翅而養雞，而是可以挑選想吃的部位來養殖」。令人驚訝的是，人造肉正是他所預測的未來的肉。

人造肉是指不飼養、宰殺家畜家禽，而是在實驗室使用動物細胞培養出來的肉類，所以又叫做實驗室培養肉（in vitro meat、lab grown meat）、乾淨肉（clean meat）。因為人造肉是使用動物的細胞培養而成，所以和最近漢堡王與麥當勞用植物性蛋白質做成的「素肉」完全不一樣。

這項未來技術備受人們矚目的原因，在於它可以解決畜牧產生的許多環境問題，人造肉技術可以減少使用 99%的土地、98%的水、66%的碳排放、56%的能源，也能對動物權利做出貢獻。

肉類的永續經營對策

全球最早的人造肉是 2013 年 8 月荷蘭馬斯垂克大學波斯特（Mark Post）教授開發的「用牛的肌肉組織培養製成的漢堡排」，這款漢堡價格是 33 萬美元，而試吃者則是認為不怎麼好吃。之後在科學家們不斷研究後，人造肉已經變得比我們想的好吃，價格競爭力也快速增長。

這象徵著未來菜單裡會出現「不宰殺牛的牛肉漢堡」，此外目前也有許多研究團隊在研究人造雞胸肉、人造魚肉。為了將人造肉商業化，波斯特教授建立了新創公司 Mosa Meat，並分別獲得了荷蘭政府 400 萬美元的研究經費，以及 Google 共同創辦人布林（Sergey Brin）資助的 30 萬美元研究經費；另一間由全球規模第二大的美國跨國食品加工公司泰森食品（Tyson Foods）入股的新創公司 Memphis Meat，也因為開發了人造雞肉和人造鴨肉而受到關注。

推廣食用人造肉的主張如同人們決定成為素食主義者的原因一樣五花八門，在這些支持的主張中，最令人接受的說法正是「永續經營」。人造肉的優點之一是可以大量降低畜牧業工廠產生的溫室氣體排放量。根據聯合國糧食及農業組織的報告顯示，飼養家畜家禽過程中每年會產生 71 億噸的溫室氣體，占了整體溫室氣體排放量的 14.5%，也是造成氣候變遷的主要原因。而且，按照一般畜牧業傳統流程生產 1 公斤牛肉需要 15.5 噸的水與 7 公斤的飼料。相比之下，生產人造肉可以降低能源使用量 56%、水 98%、溫室氣體排放量 99%。

研究人造肉的英國牛津大學托米士托（Hanna Tuomisto）教授說過：「越來越多的人造肉研究，不只可以為我們提供新的食材，還能成為減少溫室氣體排放、節約水資源與能源的對策，這除了比傳統方式更有效率，也能以環保的方式提供人類肉品。」

百分之百環境友善的食材來了

像這樣便宜又可以大量生產的人造肉產業還能長期減少人類的環境足跡（ecological footprint）。當然，在研究所培養肉類的科學家不只有波斯特教授而已，以色列非營利組織「現代農業基金會」（Modern Agriculture Foundation）正在主辦人造雞肉競賽，他們不是一一從各別細胞中培養肉，而是研究如何複製整個雞胸肉。

加州生技新創公司 Perfect Day Inc. 在不使用動物的情況下，「重現」了從傳統奶牛身上萃取的蛋白質。他們在酵母菌種裡注射 DNA 核酸序列，並合成為牛奶蛋白質，儘管這牛奶不是來自動物本身，但是它擁有和傳統乳製品中的蛋白質一樣的高營養成份。這對素食主義者等那些無法購買肉類、乳製品的消費者而言，也具有相當大的吸引力。

海鮮與豬肉、牛肉等肉類一樣，也是我們最常消費的生物。然而，因為大規模濫捕、混獲（bycatch，捕魚時將無意間捕獲的其他魚類一併抓走）讓海洋生態界面臨了許多問題，所以環保海鮮的發展也備受期待。實際上，科學家們已展示了魚肉可以像肉類一樣被培養出來，目前環保海鮮正是模仿人造肉開發的方式，在實驗室使用魚肉細胞培養出來的。現在致力於人造魚肉開發的公司有Finless Foods、Wild Type、BlueNalu、Seafuture Sustainable Biotech，另外還有幾家公司估計也很快就會脫穎而出。

合成生物學與人造肉、人造海鮮結合的話，未來我們可以藉由DNA重新編程，生產符合個人口味或健康的客製化產品，而利用微生物的環境復育產業或生質燃料產業可以讓我們從海洋植物或海藻類裡找到新的材料與味道。另外，如果能利用汽車、機器人、感測器、機器視覺（machine vision）、大數據分析等快速發展的技術，人造海鮮的生產與供給會更穩定，並且成為強大的產業。人造海鮮是指可以在沒有病原體或寄生蟲、塑膠碎片布滿大海的危險下，享用乾淨又安全的海鮮。

儘管人造肉在全面商業化之前，還有高成本等難題存在，但是替代肉類市場的成長是勢不可擋的。肉類業界認為在持續開發生產技術與推動自動化下，人造肉的成本以後很有可能隨著大量生產而降低。對此，畜牧公司以及比爾・蓋茲、理查・布蘭森（Richard Branson）、傑克・威爾許（Jack Welch）等企業家都積極投資人造肉技術研發計畫。專家預估要克服科學技術、產業、法制領域上的一切，讓人造肉、人造海鮮登上餐廳菜單或在超市上架的話，至少要花上十年的時間。

隨著人造肉與人造海鮮越來越便宜、越來越能永續經營，總有一天人們會接受它是更好的選項；或是當肉質達到我們幾乎無法分辨是否來自真正動物時，人們自然就會接受它。到了那時候，在細胞工廠用分子單位製作出來的食品就會成為真正改變遊戲規則的技術。

04

1 秒結束癌症治療的放射線技術

2013 年上映的電影《極樂世界》（Elysium）是講述超上流階層才允許進入的「極樂世界」都市與社會階層間的問題，是一部非常有趣的科幻電影。電影主角因為曝露到放射線下而性命危及，他為了接受一個叫「醫療床」（Med Bay）的最先進醫療機器治療，而潛入了極樂世界。電影中將醫療床描述成可以重新排列病人 DNA 並治療不治之症，還能讓人類維持青春的機器。

如果要在實際醫療器材中選出一個最像醫療床的器材的話，我想那應該是先進的放射線治療機了。像電影中一樣，只要掃描一次身體，就能治療體內所有的不治之症，這樣的未來雖然還只是想像而已，但是癌症痊癒的時代的確離我們越來越近了。預計 2020 年啟動人體臨床試驗的癌症治療新機器，只要一秒就能準確瞄準癌細胞，在不傷害其他細胞的情況下進行癌症治療，是翻轉癌症治療版圖的創新設備。

斷絕副作用的癌症標靶治療

放射線治療最大的問題就是副作用，因為殺死癌細胞的同時，也會影響到周遭健康的細胞，所以會讓病人更加痛苦。但是，美國能源部的 SLAC 國家加速器實驗室（SLAC National Accelerator Laboratory）與史丹佛大學合作使用加速器開發了新的癌症放射線治療方法，目的是將原本幾分鐘的放射線照射縮短到一秒內，以降低放射線的副作用。

這件新的設備是科學家利用直線加速器的原理進行改裝，把它縮小成可以進到貨櫃的尺寸，讓病人能更輕易接受放射線治療。研究團隊正在進行兩個方向的研究，一項是使用 X 射線，另一項是使用質子。兩個方法全都能快速消滅癌細胞，不會傷害到人體內其他器官與健康的組織，就像是用鑷子一樣把有問題的部分夾出來。SLAC 的粒子物理及天體物理教授薩米．坦塔維（Sami Tantawi）表示：「為了更有效地傳遞出高強度的放射線，我們需要比現今技術強上數百倍的加速器構造。這次研究會對製作放射線治療機器帶來很大幫助。」

第一項計畫「PHASER」是在研發 X 射線雷射輸出系統。現今的醫療設備是讓電子穿越長約 1 公尺管型的加速器，當同時穿越同個方向時會產生能量，這時電子的能量會變換成 X 射線。PHASER 研究團隊過去幾年裡，在特殊形態的管子裡研發與測試可以供給無線頻率的新加速器。在經過各種模擬後，找到了可以稍微縮小尺寸又能設計出更強輸出率的方法。研究團隊預計未來三到五年內可以做出用於臨床試驗的的設備。

第二項計畫是質子治療，原則上質子對健康組織的傷害會比 X 射線更少，因為它比 X 射線更能集中在很小的範圍上。可是，質子治療機要使用數百噸重量的磁鐵，為了加速量子與調節能量，需要很大規模的設施。所以，研究團隊正在研發可以更快產生質子且設備可以更小的設計，他們預計這個目標馬上就能達成。

這兩項計畫的目標除了消除放射線癌症治療的副作用以外，還有使放射線治療比現在更容易使用。目前，全球有數百萬名病人因為缺乏治療設備及設施，而無法接受癌症治療，只能進行緩解痛苦的療法。研究團隊目前正在以緊湊、效率好又有經濟效益為目標，設計在臨床環境使用且能與現有基礎設備相容的高效率系統，為了在更多地方給更多病人提供最好的治療而努力著。

病人們未來再也不用躺在大型機器裡接受高能量的放射線治療了，雖然預防癌症是個比治療癌症更好的方法，但是要能成功達到預防癌症之前，我們還需要更多的研究與臨床試驗。

從讓我們身體對癌細胞免疫的細胞治療，到使用奈米膠囊專殺癌細胞的標靶藥物療法為止，征服癌症的長期研究仍在持續進行中。而上述的治療方式先為我們開拓了可以更輕鬆又快速治療癌症的道路。這項創新技術預計將在五年內實現，並且讓我們感受到原本只有在電影裡才看得到的未來醫療環境。

05

打造無障礙世界的神經復健研究現況

因演出電影《超人》而知名的演員克里斯多福・李維，在 1995 年墜馬時嚴重傷到了脊髓，直到 2004 年過世為止，他是脖子以下完全無法動彈的全身癱瘓。之後，他以自己的名義設立了「克里斯多福李維基金會」，致力於援助脊髓損傷的治療與醫學研究，並在數十年裡進行了許多恢復脊髓受傷的研究。雖然進行了幹細胞治療、腹膜移植、功能性電刺激、高濃度類固醇治療、新藥研發等各種嘗試，但是都沒有很大的進展，有些情況的副作用還很大，幾乎大部分的研究都以失敗收尾。一直到今天，「受過一次傷的脊髓神經細胞很難再生」仍是醫學界的普遍認知。

就像我們身體裡其他的細胞能再生一樣，神經細胞也能再生。然而，脊髓神經損傷或腦神經損傷造成的身體障礙卻難以恢復，因為這兩個部位的神經細胞無法再生，所以一直以來我們都無法治療下半身癱瘓、帕金森氏症等疾病。不過，2019 年 5 月時，一位脊髓損傷而下半身癱瘓的病人接受了將電刺激裝置植入他的脊髓後進行復健治療，發生了能再次自行走路的奇蹟，而且結果顯示當裝置沒有啟動時，也能恢復一部分的神經功能，這可以說是為癱瘓的病人們帶來了新的希望，過去數十年裡沒太大進展的脊髓損傷治療研究終於有了新的突破。

讓受損神經再生的電刺激器

瑞士洛桑聯邦理工學院和德國佛萊堡大學聯合研究團隊最近發表了一項研究，他們在 3 名下半身癱瘓病人的脊髓植入電刺激器，修復大腦與腿部肌肉間的神經，再搭配新的復健方法後，病人們已能成功行走。雖然下半身癱瘓的病人因為脊髓損傷，而無法將大腦的信號傳遞到腿部，但是電刺激器可以代替大腦去傳遞訊號給脊髓、讓雙腿行動。

該研究團隊在 2016 年時，曾使用和這次研究方式相似的原理，讓一隻因脊髓損傷而下半身癱瘓的猴子能再次走路。當時也是由電刺激器代替大腦去傳遞訊號、讓雙腿行動，猴子在植入裝置後第六天時，就能在沒有裝置輔助下自行站起來或行走。

另外，研究團隊還製作了可以找到哪個部位最適合刺激的活絡神經圖，並公開這套名為「STIMO」（STImulation Movement Overground）的復健法。STIMO 不僅能利用對脊髓的電刺激來幫助病人行走，還能恢復脊髓神經。而參加 STIMO 治療的 3 位病人皆於一週內在支撐住自己的體重下行走，並且控制肌肉的神經能力也在五個月訓練後恢復許多。治療期間裡，病人們全都能在不使用手與任何輔助裝備的情況下，走超過 1 公里的距離。在其他研究裡，病人們恢復情況則是需要行走輔助器才能走約 100 公尺或是需持拐杖，相比下來 STIMO 的研究可以說是有非常大的進展。

STIMO 治療參與者中有一位叫大衛的人，他在七年前因為運動中受傷而導致下半身癱瘓，當時醫生判斷他無法再走路了。而他在這次參與研究時，成功用自己的力量獨自走了超過 800 公尺。主持這次研究的瑞士洛桑聯邦理工學院庫爾蒂納（Gregoire Courtine）教授表示，病人們能再次走路的確很驚人，但是更驚人的是受損的脊髓開始復原了。現在大衛在電刺激裝置停止運作的狀態下，最多能靠自己的力量走出八步，他也是慢性脊髓損傷病人史上第一位成功行走的案例。

腦機介面的重要進展

這次研究很重要的原因，在於參加者們的腿部肌肉感受不到疲勞，走路時的狀況也很好。研究團隊認為病人在進行比傳統復健更久、更高強度的訓練下，也提高了神經系統的功能。

研究團隊的終極目標是改善技術與普及化，並將這項裝置推廣到所有醫院。目前，庫爾蒂納教授研究團隊開發的電刺激裝置植入技術成本還是太貴，也還未經過充分的臨床試驗獲得人們信賴，所以在成為一般治療方法前還有一段路要走。不過，研究人員們相信這項治療技術會快速發展，並讓喪失希望的人們能再次站立、行走。研究團隊計畫三年內在歐洲與美國實行更大規模的治療試驗。

另外，這項技術不只是單純治療病人而已，也有助於我們瞭解中樞神經的細胞分化後為什麼不會再生的原因，還能更深入研究中樞神經細胞間因為電刺激而產生的神經科學、細胞生物學上的變化。

06

儲存夢想的「DNA 晶片」時代來臨

個人媒體的發達與 5G、人工智慧的出現，讓數據儲存的需求爆增。多虧雲端硬碟的大眾化，所以我們很難想像出現數據儲存空間不夠用的情況出現。但是，我們也不能過於樂觀，有人說我們現在正站在數據海嘯面前，這句話其實一點也不誇張。根據某項預測顯示，2040 年時我們會面臨必須儲存 3 個 10 的 24 次方數據的狀況。為了讓大數據革命持續下去，我們必須重新思考數據儲存的根本問題。在這種情形下，人類的 DNA 被視為可以儲存所有東西的超小型設備的可能替代方案之一。

微軟和華盛頓大學共同研發了世界首例將數位資料自動轉譯成基因密碼，並能搜尋它們的系統。它與硬碟、藍光光碟或其他使用中的儲存技術不同，DNA 可以儲存數據一千年到一萬年也不會受損。僅 3 平分公釐大小的 DNA，儲存容量卻能達到 10 億 GB，足足超越了一般硬碟的 100 萬倍。

儲存影像與文書的DNA儲存設備

根據國際數據資訊公司的市場調查，人類在 2018 年時生產了 33 ZB（33 兆 GB）的數據，並預估數據一年生產量到 2025 年時會達到 175ZB。假如我們把所有資料存在設備裡，那到了 2040 年時，我們會需要比現在多 100 倍的矽晶片。

另一方面，因為 DNA 非常小，所以可以將一間龐大的數據中心縮小成骰子一般的大小。可是，要將 DNA 數據儲存技術實用化的話，我們需要有像硬碟一樣可以簡單地直接上傳、下載的 DNA 儲存設備。而微軟和華盛頓大學研究團隊在這次的研究中，將處理整個流程的「自動化」儲存設備設計成一台桌上型電腦大小。

其實將資訊儲存在 DNA 的研究早在 2000 年代就開始了，科學家們在長期累積的 DNA 儲存技術研究中，展現了可以將文書檔案、影片資料等幾乎所有東西儲存在 DNA 的能力。但是，它一直有一個大問題，所有的過程中依然需要許多人類介入才行，所以這次研究在資訊儲存與「自動化」解讀方面獲得了很大的進展。

原理是這樣的，數位資訊以合成 DNA 中的鹼基型態儲存。DNA 是由腺嘌呤、鳥嘌呤、胞嘧啶、胸腺嘧啶四個鹼基單位組成。研究團隊儲存了 5 位元容量的「HELLO」單字，他們將英文單字轉換成 0 和 1 組成的數位資訊，再排列成相應的鹼基後，將它們相連製成 DNA 片段。這時人工加入可促成合成的化學液，再將其儲存入特殊容器。想要讀取資料時，使用生物科學研究用的 DNA 解讀設備解析鹼基的排序後，再次轉換成 0 和 1 的數位資訊，最終就能確認是「HELLO」這 5 個英文字母。

微軟投資了 1 萬美元開發這項設備，如果想要製造出 DNA 儲存晶片的話，還有幾個問題要先解決，那就是解讀時間與成本。根據英國科學報告（Scientific Reports）發表的研究論文內容，儲存「HELLO」5 位元數據與再次解讀出來總共要花上 21 個小時。另外，如果要儲存幾 MB 以上數據的話，要花上數千美元甚至數百萬美元的成本。不過，微軟宣布他們已經發現了可以節省一半時間，在 10 ～ 12 個小時內結束的方法，並且預計 2020 年時會提出可以大量節省成本的方法。

兩三年後將商業化的新一代記憶體技術

研究 DNA 儲存設備的公司不只有微軟而已，英特爾（Intel）和美光科技（Micron Technology）也在投資研究，像是 2018 年接受麻省理工學院資助而成立的新創公司 Catalog Technology，他們公布將在 2019 年製作可以把 TB 容量的資料記錄在 DNA 的設備，尺寸約為兩台貨櫃大小。

除了將數據存在 DNA 的方式，在數位世界裡還有其他運用 DNA 的方式。最近加州大學研究團隊在《自然》（Nature）期刊發表了首例可再程式化的「DNA 電腦」論文。研究中使用數百個可以進行繪製圖樣或計算數字等簡單作業的 DNA 鏈建立區塊（building block）。雖然這技術還無法取代實際的電腦，但是可望用於傳遞藥物的奈米機器人或組合分子的奈米大小的工廠上。

當然，DNA 儲存設備要商業化之前，在經濟上還有許多要摒除的障礙物，因為大規模量產的成本太高了。但是，看在 DNA 與 IT 技術正快速融合的情況上，商業化的時機點可能會比預料的時間更早到來。請試著回想一下人類基因體計畫（Human Genome Project），最早發現人類基因序列的計畫花了 27 億美元成本和十五年的時間，但是十五年過去後的現在，只要繳 1,000 美元的費用給民間公司的話，就可以在數週內拿到基因分析結果，技術變得相當大眾化了（最近研究顯示價格已降到 599 美元了）。考量到指數型科技的成長速度的話，DNA 儲存設備兩三年內應該就可以商業化。還有，DNA 儲存設備的開發與使用可望能自然地促進「生物電腦」的開發。資料可以儲存很久的夢幻技術，將不是透過硬碟與磁碟，而是以最佳化的有機物之姿來到我們面前。

07

帶來新人類誕生的人工大腦研究

掌管我們意識與身體的 1.4 公斤重大腦雖然只占了人類身體的 2%，卻仍是人類未知的領域。過去二十年間，腦科學做了許多研究，讓這未知的領域逐漸展露面目，也讓我們更進一步瞭解大腦的運作模式，有助於製作人工大腦。

在過去十幾年裡，科學家們研發了皮膚、消化系統等類似人體器官功能的「類器官」（organoid）技術。類器官是培養或重組胚胎幹細胞、成體幹細胞製成類似器官的結構體，人們也經常稱為人造器官、迷你器官。因為它能塑造出器官的構造並發揮器官實際的功能，所以被廣泛地運用在新藥研發、疾病治療、人工器官開發上。一直到目前為止，科學家們已經成功製造出心臟、胃、肝的類器官了，而最近又更進一步地研發出了和人腦組織相似的「迷你人腦」，掀起了話題。

「迷你人腦」打開疾病研究的新道路

2019 年 8 月時，科學新聞主要的媒體報導了加州大學和哈佛大學研究團隊成功開發出早產兒程度的迷你人腦的消息。該研究團隊研發的類器官的組織或結構、電波發送都和人類大腦組織相似。為了避免產生爭論，有一點需要先說，這次研發的迷你人腦雖然是模仿大腦還在發育的嬰兒的大腦，但它不是像人類一樣擁有「意識」或「思考」能力的大腦。

這次大腦類器官的研發有著特別的意義。在這之前，科學家們從動物研究中發現了子宮中胎兒的大腦也會隨著發育，而逐漸產生神經振盪（腦波）。當神經細胞發出的「訊號」出現問題時，人類會出現像是自閉症、思覺失調等疾病。過去這種大腦研究很難再有很大進展的原因，就在於我們無法持續監控實際胎兒的大腦。然而這次研究雖然是還在發育的大腦，但是製作出來可以模仿神經細胞活動的「活迷你人腦」將有望促進癲癇、思覺失調等精神疾病的治療以及阿茲海默症、唐氏症的研究。加州大學研究團隊的奧特（Alysson Muotri）博士表示，越是進行迷你人腦的模擬實驗，越能減少動物大腦的研究，也越能找到有效治療人腦的藥物，實際成本也降到動物實驗成本的百分之一。

如果有天我們可以換大腦

在這次研究裡，該研究團隊首次證明了隨著迷你人腦的成熟，越能產生高度同步的神經振盪。他們為了偵測迷你人腦的振盪而設置了超小型的電極，在迷你人腦漸漸成熟的過程中，可以接收到同一頻率的「腦波」。研究團隊使用機器學習更深入解析這訊號的意思，並將運作的模式和未滿二十四週的早產兒大腦運作模式比較，結果顯示這兩項偵測數據在神經網路電波發出的方式上驚人地相似。

首先，這項研究在科學界裡獲得熱烈歡呼。這次大腦類器官的研發除了可以取代一般胎兒大腦組織的研究方式，在神經內科方面也被評價為可以揭露大腦疾病病發原因（尤其是大腦早期發育相關的病）的創新事件。

腦科學研究的發展就如同現在有研發可以將大腦意識上傳到雲端的技術一樣，已經超越了我們的想像。同樣地，如果這項人工大腦技術越來越進步的話，那遙遠未來的「更換大腦」技術也將會實現。至於倫理方面，當然還存有待解的問題。理論上，這項技術不太可能在實驗室裡製作出精密又成熟的人類「大腦」，而且以現在的技術也很難說豌豆般大小的迷你人腦已經擁有自我意識或情感能力。那麼，確定不是「人類」大腦的人造大腦尺寸會是多大呢？這也是一個必須思考的問題。另一方面，改變世界的進步技術通常都會伴隨著令人無法掌控的黑暗面。如果人類可以製造人類大腦的話，生物界可能會出現劇烈的變化。如果不只能治療遺傳疾病，還能設計想要的孩子大腦的話，又會怎麼樣呢？如果老人的大腦可以換成年輕的大腦呢？或是能把大腦移植到年輕人的身體呢？如果將擁有人類腦組織功能的類器官移植到動物身上的話，那牠算是人類嗎？

以上這些都會成為和訂製嬰兒、基因編輯技術一樣有爭議的問題。基因編輯技術在倫理方面的討論到目前為止還在進行中，迷你人腦研究的倫理討論及準則也應該一同進行。是否要用於有精神疾病、神經疾病的人身上，提供更好的治療方法與改善他們的生活品質？會不會導致破壞人類定義的新人類或是其他黑暗面出現？這一切終將取決於定義技術使用與界線的人類。

第 5 章

進軍宇宙的地球與能源的未來

從太空太陽能到月球探測，地球永續經營研究

01

綠色能源與綠色運輸產業形成了巨大市場

踏入二十一世紀後，因為懸浮微粒等的空氣汙染日趨嚴重，地球溫度持續上升，環境問題依然棘手。全球各地掀起了保護環境的各種社會運動與政策變化，其中取代化石燃料、擴展綠色能源使用是全球能源轉型趨勢。預計到2050年為止，燃煤使用量會急速減少，太陽能和風力發電會不斷增加。正當各國不斷努力促進能源轉型時，韓國的目標也是設在2030年前發展20%比重的再生能源。接下來我們來瞭解能源轉型將給世界帶來的變化和市場商機。

德國和中國的再生能源轉型

電腦工程師拉米茲・納姆（Ramez Naam）最近在舊金山舉辦的奇點大學全球高峰會演講上，提出了一個問題：「太陽能是從哪個地方先開始的？」聽眾中有一部分的人知道答案是「德國」。諷刺的是，德國並不是全球國家中陽光最強的國家，可是德國的再生能源需求是呈指數型成長。納姆點出德國 2018 年上半年就已經生產出足夠德國所有家庭使用的再生能源產量。

不只是德國，負責進行中國華南地區送電的中國南方電網有限責任公司宣布2019年綠色能源發電量已超過整體發電量的一半，而在中國華南地區五個省和自治區（廣東省、海南省、貴州省、雲南省、廣西壯族自治區）生產的綠色能源發電量占了整體 50.8%，綠色能源設備占了整體 50.2%。

蘋果最近也發表了將在中國建立 3 億美元規模的中國綠色能源基金（China Clean Energy Fund），在美中貿易矛盾加深的局面下，蘋果這項發表有著很大的意義。蘋果計畫與 10 家零件供應商在往後四年裡，共同組織 3 億美元規模的基金，藉此生產 1 百萬瓩（10 億瓦特）規模的再生能源，1 百萬瓩的電量將可以供應 100 萬人口使用。蘋果一直以來都非常關注環境議題，如果中國綠色能源基金成功的話，他們也計畫將這模式擴大到其他國家。同時中國政府也將減少空氣汙染視為重要的國政之一，並致力於開發再生能源。雖然中國傳統上很依賴煤炭，但是最近幾年的再生能源比重急速上升，開始蠶食煤炭的市場占有率。去年中國架設的太陽能板超越了所有國家太陽能板的總和。

再生能源的價格競爭力威脅到了煤炭

因為全球對煤炭的需求正在減少中，美國最大的煤炭生產公司皮博迪能源（Peabody Energy）和其他大型煤炭公司們接連宣布破產。強化環境保護措施、和便宜的頁岩氣競爭、中國的煤炭需求減少，這些可以看作是皮博迪能源的破產原因。再生能源價格的下滑也是造成煤炭產業衰退的很大原因之一。

因為再生能源計畫不是靠政府資金或市場制度，而是市場的力量在主導，所以它會是長期維持再生能源轉型趨勢的成功之鑰。其中最有成效的就是風力發電的成本，自 1980 年以來，它的成本已降低了 15 倍。一部分地區的風力發電成本是每度僅 2 到 3 美分，然而燃煤火力發電的成本是每度 6 美分。

其實，太陽能是比風力發電更有發展潛力的能源，太陽能的發展速度也比風力發電更快。1977 年的太陽能電池價格是每瓦特 77 美元，現在則是降到 0.3 美元了。當然，如果太陽能想成為國家穩定的電網，技術發展上仍然還需要達到一定規模才行。不過，太陽能電板的成本是做越多越便宜，也就是和技術創新無關，它的成本是因為規模大小的效率而下降。另外，太陽能與風力的結合可以改善夜晚和白天或季節影響的非週期性電力生產問題。再加入可以儲存能源好幾個小時的便宜電池的話，再生能源就可以供應社會更多的能源了。

事實上，現在趨勢正變成以混合發電的新型態來運用能源。

就像美國商業內幕網站曾說過：「雖然我們對於環境汙染的認知與再生能源的補助促使了煤炭減量運動的開始，但諷刺的是，煤炭產業的真正敵人是自由市場。」所以，因為再生能源擁有價格競爭力優勢，煤炭產業的滅亡近在眼前了。

用電方式的改變將帶來破壞式的創新

生產電力的方式改變也意味著用電方式上會出現許多變化。納姆指出，靠電力移動的自動駕駛汽車與汽車數據共享服務的結合，將會成為最破壞傳統用電方式的原因。不只是汽車，占了全球7%石油使用量的航空界也在研討大規模轉換成電動飛機的計畫。運輸服務的價格將會變得更便宜，人們也會捨棄開車，選擇使用大眾運輸服務，這將減少使用石油的燃油車里程數。

預計往後二十年內，綠色能源和綠色運輸產業會建立起龐大的市場。面對這樣的能源生產與使用方式的創新變化，我們該怎麼做準備呢？像是製造業者的話，彈性與敏捷性就很重要，應該考慮將公司轉移到有足夠的陽光和風、能源生產最便宜的地方，必須盡快投資未來。如果是從事能源產業、運輸產業或汽車零件製造商等正處於變化激烈的產業的話，也有必要提前做好面對這些的變化。

再生能源轉型而成的世界會與化石燃料為基礎而建立的世界完全不一樣，相關的國際再生能源組織也表示：「無法進行能源轉型的國家將會喪失國家影響力。」這意味著不遺餘力投資再生能源、積極利用從中創造出的機會的中國，其國家影響力正漸漸增加；而非常依賴化石燃料輸出且無法適應能源轉化的國家們會面臨危機，喪失自己國家的影響力。能源轉型就像這樣，它不會只是一個國家的問題而已，在地政學方面也有著重要的意義，因為能源會重新定義國與國之間的關係，並帶來動搖經濟與社會根基的變化。

中國是未來再生能源領域的新領袖

當全球再生能源的需求與生產能力爆增時，我們需要瞭解一下在風力發電領域中走在最前端的中國。根據世界能源理事會（Global Energy Council）今年 2 月發表的資料顯示，中國的風力發電包括陸地和海上的生產量都比其他國家還要多。中國究竟是如何擁有這樣的能力，往後他們的策略又是怎樣呢？

中國現在正進入《能源技術創新十三五規劃》的尾聲。這項計畫預計擴充風力發動機電力生產量 8 至 10 千瓩，目標是要在 2020 年底前確保風力發電能提供電網 210 百萬瓩。2018 年中國的風力發電量是 187 百萬瓩，比美國 89 百萬瓩、德國 56 百萬瓩還要多。

再生能源領域中，中國不只在風力發電上領先，他們早在太陽能電板和電池、電動車生產和輸出、設備上都是領先全球。全球使用的 60％太陽能電板和 50％風力發動機都是由中國製造，所以我們未來的再生能源也有很大的可能是由中國企業供應。而中國計畫在 2030 年時由核電和再生能源取代化石燃料來生產 50％的能源需求量。

中國國國家發展和改革委員會（NDRC）今年 1 月發表了再

生能源發展的新政策。因為中國判定他們的太陽能電價和火力發電價格接近，已達到「市電平價」（grid-parity）水準，所以為了擴大再生能源發電需執行新的措施。新的政策內容提到為了擴大再生能源，地方政府需提供土地、提供高效能公司補助金等等。

中國傾力於再生能源的原因

中國將重心放在風力等再生能源上有幾個原因，其中一點是隨著中產階級的增加，能源消費也跟著增加。現在中國在能源上還有相當大的部分仍然依賴煤炭或石油等化石燃料，早在 2010 年時就超越美國，成為全球化石燃料消費量最大的國家。因為這個原因，所以他們為了降低必須從他國進口能源的依賴度，不得不開始投資再生能源生產。

另一方面，再生能源能減少空氣汙染和水汙染。中國的汙染程度非常恐怖，全球空氣汙染最嚴重的 10 個城市中，有 7 個城市是在中國。在中國有 160 萬人因為空氣汙染而死亡，占了全球死亡人數的 17%。當中國推動的綠色能源策略成功時，依照計算將可以減少 15 億噸的二氧化碳排放量，並且創造出 72 萬個新的工作機會。

在看到這些所有徵兆時，風力發電可以說是中國正在推動的綠色未來裡的重要角色。中國的內陸和綿延的海岸線全都非常適合風力發電，中國的潛在風力資源被估算可達約 2,380 百萬瓩。他們能站在再生能源領域裡領先位置上，是因為中國政府積極推動的方案與技術輸出，特別是一對一協助的基礎建設計畫。

當然，中國的這些努力與計畫不是完全地成功，儘管過去十年裡在整個再生能源上進行了龐大的投資，但是中國的風力發電園區生產的電量比預期要來的少。連接電網、電網管理上的限制、缺乏優良的風力發動機、園區位置等，都是造成風力發電量減少的實際原因。結果造成他們必須加大投資這項產業，才能生產出足以取代傳統汙染源煤炭與石油的再生能源供應量。

重組能源產業的中國，那我們的未來呢？

中國在再生能源相關專利方面也領先各國。中國企業與機關在 2016 年持有 15 萬項再生能源專利，占了全球再生能源專利的 29%。緊接著的第二名是美國公司與機關，持有 10 萬項專利。而 2017 年中國企業與機關申請的再生能源相關專利占了 76%。

其中有一項野心勃勃的專利可以讓人看到能源生產的未來，那就是在太空建立太陽能發電廠，透過微波（microwave）將能源傳送回地球。中國科學技術部的官方報紙報導，中國科學家正在測試這項技術，並計劃於 2050 年前建設太空太陽能發電站。

就算說現今的能源問題與國家安全有直接關聯也不為過。我們必須關注正超越美國成為新全球能源領袖的中國。

02

無止盡的新一代能源，太空太陽能

1941年，知名科幻小說家以撒·艾西莫夫（Isaac Asimov）寫了一篇《理性》（Reason）短篇小說，描述了一個可以收集太陽能並傳送到最近行星的太空站，而從現階段科學家的研究來看，這個科幻想像很快就會在地球上成真。

從二十世紀中葉開始，就有許多團隊在進行太陽能發電衛星（space-based solar power，簡稱SBSP）或太空太陽能（space solar power，簡稱SSP）的研究，因為太空太陽能不會給環境帶來負面影響，也能解決能源與溫室氣體排放問題。現在地球上運作的太陽能發電效率只達到20%，而太空太陽能系統可以生產出比地球多8倍的能源。當我們認知到太空太陽能擁有生產大規模能源的能力，以及我們銀河系中的太陽往後一百億年還會存在的事實時，人類其實可以期待我們將獲得取之不盡的能源。

不受天氣與時間影響的太陽能發電

太空太陽能發電的概念，是在太空站收集太陽能後，直接傳送到地球或是最近的行星。簡單來說，它的原理就是在太空設置一個可以持續收集太陽能的機械裝置，並將能源傳送回地球。這系統可以不分晝夜、不受天氣影響地運作。首先，地球如果能透過整流天線（rectenna，接收能源的特殊天線）接收能源的話，就能照現在使用的方式來分配能源。

目前關於運用太空太陽能裝置的構想非常多，不過為了瞭解太空太陽能系統，有幾項必須思考的基本事項，像是設備的安裝位置、衛星的構造、能源收集、能源傳送等。關於太空太陽能系統的提案有像是地球靜止軌道（GEO）、中軌道（MEO）、低軌道（LEO）等，其中最被看好的是使用地球靜止軌道，因為它能解決整流天線間的排序問題，也可以不間斷地傳送電力。然而，地球靜止軌道的主要問題在於它會釋放大量的輻射，也很容易被小小的隕石或太陽風影響。

最近，與美國太空總署（NASA）共同進行研究計畫的約翰．曼金斯（John Mankins）博士發表了一項將在衛星上安裝太陽能板，送入太空收集太陽能後傳送回地球的計畫。這項計畫預計在 2025 年左右發射「隨機大型相位陣列太陽能衛星」（SPS-ALPHA），將衛星以模組的型式搭載在太空船上送到太空後，透過太陽能板收集能源，再將能源轉型成微波傳送回地球，地球上的發電廠將它再轉換成可使用的電能。

問題是發射火箭的成本

太空太陽能系統除了安全和生產技術問題，還有一個最主要的問題，那就是將太空太陽能所需的物資發射到太空的成本。現在，因使用的火箭和太空船而異，要運送 1 公斤物資到太空的成本約為9,000美元～43,000美元不等，如果要將太陽能板送到太空去，即使是超輕量的太空太陽能系統，最少也要 4,000 噸，成本至少要 360 億美元～ 3 兆 4,400 美元。

另外，按照 NASA 的研究顯示，太空太陽能系統每公斤的發射成本必須要維持在 100 美元～ 200 美元才具有經濟效益。幸好，SpaceX 正在研發可以回收的火箭，因此發射成本會不斷下降，但仍有一段路要走。不過，依照未來學家雷．庫茲威爾（Ray Kurzweil）的加速回報定律（Law of Accelerating Returns），如果進步速度維持下去的話，發射成本從數十億美元到數百萬美元，再從數千美元降到一百美元也並非不可能。

不斷尋找取之不盡的能源

萬一太空太陽能或核融合在十年內實現的話，我們或許就能親眼看到科幻小說裡提到的未來技術，像是將地球與太空站相連的太空電梯和太空摩天大樓；圍著地球一圈製作一個軌道環，可以輕鬆進行貨物移動和太空偵測任務；一個像行星外殼般把行星包住的龐大物體，它可以收集該行星所有能源的戴森球（Dyson sphere）等等，這些原本只存在於想像之中的事情成真了。

太空太陽能的最大優點，是我們幾乎能永遠使用不會影響地球環境的乾淨能源。不過，我們還需要花上數十年的時間投資、建設、實驗、打造出成功的系統，才能回收太空太陽能系統的早期投資成本。另外，以長期發展的角度來看，為了讓太空太陽能脫離構想階段，成為新的再生能源，我們也需要追求創新的領導者和政治環境。

03

對抗氣候變遷，值得關注的 9 家能源公司

現在，各界都開始努力抑制二氧化碳的排放，全世界的人都非常關注是否能躲過致命的氣候變遷危機，有幾位億萬富翁為此決定資助 10 億美元來開發新的能源技術。比爾．蓋茲成立了「突破能源風險投資基金」（Breakthrough Energy Ventures，簡稱 BEV），這將是一家左右能源產業的投資基金，該基金吸引了貝佐斯、理查．布蘭森、麥克．彭博（Michael Bloomberg）、馬雲、孫正義等知名企業家參與，並在最近公開了 7 間即將接受投資的公司名單。因為有尚未公開的名單，接下來所提到的公司並非全都是「突破能源風險投資基金」即將投資的公司，不過仍然可以說是全球頂尖企業家們最矚目的能源技術公司。

聯邦聚變系統（Commonwealth Fusion Systems）

核融合能源在能源研究領域中就像是獨角獸般的存在。雖然過去科學家經常保證核融合能源會是完全無汙染又無窮無盡的能源，但是它是否能實用化還是個問題。不過，麻省理工學院投資的英國新創公司「聯邦聚變系統」使用了可以縮小核融合體積的突破性技術，並承諾將在 15 年內啟動核融合發電廠。該公司正在研究把次原子粒子放在一種甜甜圈形狀的托卡馬克（tokamak）機械裡產生電漿後，再使用超傳導磁體控制加熱過的電漿的技術。

Fervo Energy

當我們提到預防氣候變遷這個主題時，通常不會先想到水力壓裂（hydraulic fracturing，利用水、化學物質、沙等混合物質高壓噴射、破壞石頭，藉此分離出石油和天然氣的技術），不過開發先進地熱技術的美國新創公司 Fervo Energy 正試著把石油產業的水力壓裂技術作為發展地熱能源的新系統。該公司使用混合介質刺激技術（mixed medium stimulation），開發了可以增加現有地熱發電廠和新建地熱發電廠能源產量的方法。

現階段的地熱發電廠需要大自然產生的地熱、水、滲透性岩層的完美組合，其中滲透性岩層常常是限制地熱發電的因素。針對這點，可以透過注入高壓水力來擴大孔隙並改造岩層的滲透性。雖然到目前為止這些構想還沒商業化，但是 Fervo Energy 正試著利用石油產業的鑽井技術，企圖達到實踐新地熱發電的目標。

Quantum Scape

電動車完全可以幫助運輸產業解決二氧化碳排放的問題，可是現在的電池技術在里程數上還不是汽油引擎的競爭對手。為此，美國能源儲存技術開發公司 Quantum Scape 計劃於 2025 年前讓固態電池（solid-state battery）商業化。該公司的技術是利用固態電池取代液態電解質，藉此大大增加能源的密度與儲存容量。該公司目前已獲得福斯集團的 1 億美元投資。

CarbonCure

大部分的人不太瞭解混凝土產業與二氧化碳的關係，不過加拿大的新創公司 CarbonCure 開發了一項技術，可以減少製造工廠使用二氧化碳後的碳排放量。他們的方法是收集其他產業所產生的二氧化碳，再將之運用在混凝土的生產過程，這樣的作法能夠提高混凝土的強度，還能將溫室氣體以固定形態永久封存。該公司在 2019 年初公開了以減少混凝土業成本和碳排放為目標而建立的第一個試點計畫工廠。

Pivot Bio

二氧化碳是影響氣候變遷的最大因素，可是其實我們使用龐大的氮肥料量，其排放的二氧化氮比一般溫室氣體的影響力多 300 倍。總部設於加州的新創公司 Pivot Bio 為了幫助小麥等穀物的成長，而研發了可以自然地在土壤中培養氮的微生物。Pivot Bio 使用合成生物學技術開發可以固氮的微生物，降低農作物整體對氮肥料的需求。他們現在的目標是使用天然氣製作可以取代氮肥料的東西，藉此降低二氧化氮的排放量。

Zero Mass Water

處理水資源之後再送往缺乏水資源的地區，往往會留下巨大的碳足跡。這間位於美國亞利桑那州的新創公司 Zero Mass Water 設計出了一款即使在乾燥地區也能收集大氣中水氣的 Hydropanel 特殊太陽能板系統。「Hydropanel」的原理是透過由太陽能供電的風扇，以及含有特殊吸水物質的乾燥劑收集空氣中的水氣，接著再透過熱能蒸發水氣來取得水。現在，一個「Hydropanel」2,000 美元，可以生產約 5 公斤的飲用水。為了以後可以大規模供應飲用水，該公司目前正在美國加州、北卡羅來納州等地，一共 8 個國家進行試點計畫。

DMC 生技

永續經營的生質燃料（biofuel）雖然是最適合取代化石燃料的方案，但製造生質燃料所需的工程設計過程相當耗時、成本又高。

「DMC生技」（DMC Biotechnologies）研發了製作生產特定分子的新微生物之標準化工程。他們開發的動態代謝控制（Dynamic Metabolic Control）技術致力培養各種用於生產生質燃料或其他生技產品的菌株，以及發展管理測試及過程，希望藉此簡化生產流程和縮減生產時間。

Form Energy

美國公司Form Energy正在開發兩項新的電池技術，雖然現在還未完全公開詳細內容，但其中一個已經公開的是硫磺液流電池（sulfur-flow battery）。如果使用價格便宜又豐富的硫磺物質的話，成本會變得比現在的鋰電池更加便宜。液流電池是使用液態電解質注入電極周圍的方式，因為它有泵浦和其他體積大的零件，所以無法用於像智慧型手機等小型電子機器。不過這項技術未來將會成為電網等級的能源儲存裝置替代方案。

Quidnet Energy

美國公司Quidnet Energy正在研發特殊型態的能源儲存方式，該技術是利用地下打上來的水來發展水力發電。當電網有剩餘電力時，利用這些電力將水抽取放在廢棄油井儲存，之後當電力需求量增加時，便可以使用這些水啟動渦輪發電機。

上述介紹的技術可能看起來和氣候變遷沒有密切關係的樣子，可是突破能源風險投資基金的投資條件是該技術在電力、運輸、農業、製造業、建築業五大領域裡，必須擁有一年可以減少 5 億噸溫室氣體排放的潛在能力。因為美國退出了巴黎氣候協定，相關的氣候變遷目標執行變得不明確，所以在這裡所提到的企業將更受到大眾矚目。

04

海洋經濟如何帶動地球的未來

海洋占了地球70%以上的面積，光是太平洋的面積就超過了1億6,000平方公里。可是到目前為止，有超過3億平方公里的海洋不但沒有因為技術的發展而得到好處，反而遭到了破壞。是時候將視線轉移到海洋了，因為新興又進步的技術將能帶動永續經營的海洋經濟。

海洋經濟預計在2030年前會比現在增加2倍。海洋不僅是可以賺錢的地方，更是有許多地方尚未被研究的數據寶庫，這些數據可以提升我們的預測能力、風險評估、營運成果。目前，在這個領域已取得不錯成績且備受矚目的是創設於加拿大的「海洋超級群聚」（Ocean Supercluster），他們是研發創新技術應用於海洋再生能源、漁業、石油天然氣、造船業等各種海洋產業的組織。他們的主張是透過對創新技術的投資，以減少碳足跡、強化監控環境、保護與提高資源管理與能源效率，並促進永續經營。接下來要介紹的內容，是「海洋超級群聚」正在研究、即將改變海洋經濟的重要領域。

水產養殖感測器技術

「海洋超級群聚」為了監控養殖場中的魚和環境，想要開發一個可以即時提供數據的客製化水中感測器。養殖業者們可以藉由新興感測器、數據管理、資料視覺化系統，將供應飼料的時間最佳化，並改善養殖環境、擴增產業利益。不過，針對養殖業仍然有許多爭議。養殖業由於高密度養殖、移動性不高、缺乏基因多樣性等原因，造成了疾病和寄生蟲不斷加速出現，所以時常受到社會指責。另外，也有一部分的科學家和環保運動家主張開放式養殖場會散播病毒，危害到野生族群。

海洋無線通訊系統

根據英國市場調查公司 TechNavio 的調查，全球海洋通訊系統市場預計到 2021 年為止，每年會平均成長 8%。老舊通訊系統中的無線技術可以由 Li-Fi（用光源取代無線電來傳送數據的技術，被選為可以取代 WI-FI 的未來通訊技術）和 5G 技術來取代，新的通訊系統可以將文字轉換成摩斯密碼，讓訊息傳遞變得更容易。另外，郵輪公司也可以用來提供船艙內的網路與手機服務，因此這項技術也能改善觀光業的通訊系統服務。

自動駕駛船舶

許多人關注在柏油路上行駛的自駕車的同時，自動駕駛船舶也在海上發展中。「海洋超級群聚」為了維護與監控船舶、鑽油平台、海洋產業基礎建設等大型海洋資產，正在研發自動駕駛船的技術。

目前，因為國際規定與法律上的責任歸屬還未確實解決，所以針對無人駕駛船舶出現後能不能在海洋領域被歸類為「船」還沒有明確的答案。為此，由海上保險公司組成的協會「Shipowners' Club」建議國際修改現有的體系，以接受這項發展快速的新技術。順帶一提，自動駕駛船或水下滑翔機非常有助於檢測氣溫、鹽度、壓力等海洋的變化。

追蹤冰山的技術

因為地球暖化，冰山對我們的威脅正在不斷增加中。冰山追蹤器可以事先警告我們冰山是否正在接近鑽油平台，加拿大公司「Rutter」的 Sigma S6 系統使用多重雷達處理技術，提高了雷達的性能。多虧了其遠端感應技術，海上作業員們可以事先做好面對冰山的到來，減少事故與環境汙染的風險。

不光是傳統漁業，海洋就像前面提到的一樣，在各個領域裡具有經濟發展的可行性，是人類的共同資源。可惜的是，它正因為人類的過度開發而受苦。如果沒有數據的共享與永續經營的技術，海洋將會一直遭到人類破壞。究竟我們會繼續消耗可能成為未來救星的海洋資源，還是要開始保護海洋，並從中發現新的商機呢？這全操之於我們。

05

月球探測競賽，太空未開發資源的戰爭

為了迎接人類登陸月球五十週年，美國發表了令全世界關注的「阿提米絲」（Artemis）計畫，預計在 2024 年之前將第一位女太空人送至月球。

1960 年代，太空時代揭開序幕後，美國成功完成了 60 次登月任務，其中有 8 次是載人登陸月球探測的任務，而最有名的非 1969 年阿波羅十一號的登月任務莫屬，那是人類第一次踏上月球。1971 年，阿波羅十五號在月球表面撿回一顆歷史最悠久的岩石「起源石」（Genesis Rock），再加上月球表面的樣本研究，更加證實了大碰撞假說（giant impact hypothesis，這個理論是說約四十五億年前的地球已成長到現在的 90%，在與一顆火星大小的行星發生衝撞後，殘留的碎片散落在地球周遭，聚在一起後形成了現在的月球）。這些太空拓荒者讓我們對地球和太空的認知更加寬廣，人類的關注也從月球轉移到了火星。1997 年，火星拓荒者號（Mars Pathfinder）首次成功在火星表面放下移動式機器人，其探測車傳送回來的照片更是掀起了大眾瘋狂的想像力，人們也開始關注有關火星的最新探測消息。

可是，隨著火星探測的前景變黯淡後，人類再一次將關注轉回了月球探測。今天，在激烈的太空開發競賽中，各國政府與民間企業都有各自積極進行太空探測的原因，因為月球再也不是神秘行星，而是正在變成和人類未來有直接關聯的地方。

太空的定期中轉站

想要克服重力飛向太空的話，需要一定的速度。從地球飛去火星的速度最少要每秒 13.1 公里，此外還需要龐大的火箭、數噸的燃料、行駛複雜的軌道。然而，月球的重力場很弱，所以從月球表面發射太空船到火星每秒只要 2.9 公里就夠了，這是從地球到國際太空站所需速度的三分之一。

另外，月球擁有豐富的礦產資源，尤其是有可能合成火箭燃料的水冰。此外，月球表面還有一種地球幾乎沒有的硫化鐵礦物「隕硫鐵」。隕硫鐵主要是在隕石裡才能發現的硫化鐵物質，而從中分解出的硫磺和月球土壤結合之後，可以生產出比水泥還堅硬的建築材料。這意味著我們可以利用月球上的材質，打造在月球的定居場所。如果科學家利用這些材料成功在月球建造出太空探測基地的話，將大幅提升太空船的搭載重量和燃料比重，光憑這點就足夠我們運用現有的努力與成本去探索太陽系了。

未來的燃料供應基地

核融合是人類未來的能源供應來源，未來的核融合反應爐會使用比派對氣球氣體還輕的氦-3。在地球，幾乎沒有質量數3的氦同位元素，但是在月球上卻很豐富。氦-3和海水中富有的氚進行核融合的話，可以產生龐大的能源。另外，1公克的氦-3可以生產出大約40噸煤炭的發電量，而且使用氦-3的核融合發電，與從核分裂中獲得核能的核電廠不同，幾乎不會產生核廢料，因此被視為最理想的未來能源，許多政府與企業非常關注月球的原因也在於此，這種商業關注可以成為人類在月球上建立永久居住地的初期誘因與資金來源。

太空的觀察基地

月球的大氣密度只有地球的十兆分之一，因此為天文觀測站提供了完美條件。此外，月球背面也是可以完美阻擋地球電波干擾的最佳地點。月球和會阻擋外太空短波長的地球不一樣，其白天的大氣密度非常適合使用地球上架設的X光望遠鏡或伽馬射線望遠鏡。也就是說，在月球設置的觀測站會比設置在軌道的望遠鏡更容易維修和升級。

朝太空前進的基地

火星探測變得困難的其中一個主要因素，是長期太空航程對人類健康造成的影響與風險。現在，如果發生緊急狀況而需要進行資源補給或拯救任務的話，至少要花上兩年。針對這點，月球有望成為太空探測的前哨基地，如果先在月球上進行人類身心許可範圍的測試、技術與經驗累積的話，就可以更安全、更有效率地進行火星或其他的太空探測，而即使月球基地發生問題，從地球出發到月球也只需要三天。

月球是我們前進太空的前哨基地，能夠提供未來核融合的原料，也是具有研究太空歷史的潛力地點。為了解決地球正在面臨的許多問題，以及將人類居住地拓展到地球以外，在人類正式飛進外太空之前，仍然有必要先在靠地球最近的地方取得各種經驗。

06

開拓人類未來的太空探險

人類在踏向太空的第一步後，野心不再止於太陽系和銀河系的探險，而是想要在太空居住，並且在過去幾十年裡，也在太空探測方面創下了驚人的里程碑。但是太空就像我們所知的一樣，大部分環境寒冷、黑暗又對生物充滿威脅，所以許多科學家們懷疑人類到底要如何在這樣環境下自給自足。大部分太空的行星都很寒冷又黑暗，也沒有空氣可以呼吸。事實上，充滿生物的地球是和典型的太空星球差別很大又稀有的行星。那麼，人類要怎麼做才能實現在太空居住的夢想呢？

從 2000 年開始，美國國家太空協會（National Space Society）就編列了 2 億美元的預算進行一項前進太空藍圖的研究。該協會提出了 31 項阻止人類滅絕的指標，像是大幅降低太空船發射成本、定居於太空和自給自足等，其中也包括了在月球栽種植物、運用太空資源、定居太空等相關計畫。

在太空種植糧食

打造出一個可以在太空自給自足的居住環境需要符合很多因素，要如何找到建造未來都市用的原物料？如何生產出高效率能源？哪裡可以找到營養來源等等，這些都是必須思考的問題。隨著 Space X 與藍色起源（Blue Origins）、NASA 之類的組織機關持續擴展人類可移動的範圍，太空資源開採也正逐漸成為話題。

最近有幾項關於糧食的有趣進展。2019 年 1 月，著陸在月球背面的中國嫦娥 4 號（Chang'E-4）傳來了種植的種子成功發芽的消息。嫦娥 4 號為了在月球上進行植物栽培實驗，帶了棉花、油菜、馬鈴薯等的種子出發。根據月球植物栽培實驗負責人劉漢龍教授表示，帶去月球的種子之中，棉花是第一個成功發芽的種子。雖然棉花在險惡的月球環境下發芽後沒多久就死了，但仍是個值得矚目的里程碑。

為了更符合太空的環境條件，科學家將會使用基因工程學改造過的植物和種子。在太空中，種子必須承受紫外線、太空幅射、低氣壓、嚴峻的溫度條件、微重力等因素，而改變植物基因構造將能實現這些條件。實際上，從火箭燃料到藥品，基因工程學都是可以任意使用資源的機制。

不管規模多小，只要是能在月球上建設出人類可以自給自足的能力，都將為未來太空探測帶來很大的助力。NASA 的火星探測任務中，將月球表面當作具有發展潛能的維修站（pit stop，加油、更換零件等的定點）。「藍色起源」的執行長貝佐斯計劃在月球建造人類永久居住地，這項計畫也會將在月球栽種植物時獲得的知識運用於火星等其他行星。

另外，NASA正在進行用3D列印技術在太空生產食物的研究。2018年，NASA公布了太空人成功研發出可以吃的3D列印比薩技術。將比薩餅皮、蕃茄醬、莫茲瑞拉起司等食材放在3D列印機裡，按照電腦輸入的順序列印食材，就可以親自設定並吃到想吃的比薩。

可以自給自足的太空船

「人類只有兩條路可以走，不是留在地球滅亡，就是開拓另一個行星。」

這是特斯拉的執行長伊隆・馬斯克在2016年發表預防地球滅亡的火星殖民地建設計畫時說過的一句話。我們不能把這句話當作是一位怪胎企業家荒誕無稽的夢而一笑置之，因為太空探險的主要動機就是為了找尋地球之外人類可居住的地方。現在，地球因為人類大爆炸、核武戰爭、小行星衝撞而處在危急存亡之際，所以在太陽系或太空其他地方定居成了延續人類存亡的備案。

除了移民太空，其他像是科幻小說家們提過的世代飛船（generation ship）或漂流於星際間的方舟等能夠自給自足的太空船將提供人類生活或居住的另一種可能性。在花上數百年、數千年才會到達目的地的期間，這種自給自足式太空船定居方式可以阻止人類滅亡，讓人類邁向外太空。

人類從地球擴張領土到太空只是時間早晚的問題。未來，我們將不再停留於單純的太空旅行、觀光，說不定還會迎來太空定居、星際旅行，甚至太空戰爭爆發的未來。從月球探測到太空自給自足，為了拓展人類的未來，我們早已不斷地在探索宇宙了。

第6章

延長壽命與健康管理的革命

變得更健康、更長命的人類，夢想著永恆生命

01

製藥 AI 掀起的新藥研發革命

醫療技術在過去兩百年裡的進步，大大增加了人類的預期壽命。現在 100 歲的人就像是新 60 歲一樣，我們現在正活在健康壽命大幅增長的時代，而讓這一切變可能的就是人工智慧技術。醫療領域相關的人工智慧新創公司在過去的五年裡，透過 576 筆交易獲得了 43 億美元以上的資金，在所有人工智慧產業當中遙遙領先。同時，美國食品藥品監督管理局以可以拯救人命、減少成本為由，批准了 70 件人工智慧健康器材。可見現在醫療領域的人工智慧正在不斷加速發展中。

目前，讓人類可以更健康、更長壽，也可以讓人工智慧不斷擴張醫療系統的方法有機械學習、新藥設計與使用大數據又快又精準的診斷系統。

原本花十年的新藥研發縮短成四週

新藥研發通常會消耗大量的成本與時間，即使如此，現在仍然只有十分之一的新藥完成以人類為對象的臨床試驗，效率非常低。那麼，如果人工智慧系統，特別是類神經網路可以找到新型分子（藥品）能治療什麼病並成功設計出來的話呢？請試著想像一下，當先進的人工智慧可以將原本 5,000 人才能做的事壓縮到 50 人去做，並且準確製造出的分子又能發揮百分之百藥效會如何呢？這場大革命將撼動全球規模 1 兆 3,000 億美元的製藥產業。

2019 年 9 月 3 日，人工智慧新創公司英科智能（Insilico Medicine）做出了可在製藥界被譽為「AlphaGo」的重大成果並造成了話題。這項成果是他們使用了人工智慧，在四十六日內就成功完成了候選新藥的設計、合成及驗證。這款新藥從一開始就透過人工智慧來設計，而結果也證明了透過人工智慧，不用花上好幾年，只需要幾天的時間就能完成設計，這與一般新藥上市前從設計到驗證要花上十年的時間相比，快上了 15 倍。

英科智能開始將人工智慧及深度學習的最先進技術用於新藥研發上是在兩年前，這次的研究成果極有可能真正改變整個製藥產業遊戲規則。這也代表這項人工智慧技術針對今日研發藥物的主要課題：在廣大的化學裡尋找好的分子藥物，極有可能成為一個指標。

英科智能的新藥研發全程使用人工智慧，其開發的系統平台是結合了人工智慧近幾年發展核心的生成對抗網路技術與深度強化學習。他們的新藥研發流程是這樣的，先是使用生成對抗網路技術篩選出具有潛力的候選藥物分子，並利用數百萬個樣本和各式各樣的疾病特性，找到最有希望的蛋白質做為標靶，再根據標靶生產完美的分子。然後，透過參數設定這些分子，製成具有特定參數的新分子。無論有沒有發現造成疾病原因的標靶蛋白質，英科智能都能生成可以治療許多疾病的新分子結構，像是老化、癌症、組織纖維化、帕金森氏病、阿茲海默症、肌肉萎縮症、糖尿病等等。

英科智能的執行長亞歷克斯·紮沃隆科夫（Alex Zhavoronkov）博士想追求的終極目標，是想開發完全自動化的醫學服務（health-as-a-service，簡稱 HaaS）和長壽服務（longevity-as-a-service，簡稱 LaaS）引擎。如果英科智能的服務能與阿里巴巴、字母公司的服務連結，新藥開發引擎就能為線上使用者提供符合個人的解決方案，並且幫助使用者預防疾病、維持最好的健康狀態。

Google 旗下的 DeepMind 也將其擁有的類神經網路技術投入醫療部門，進軍數位化新藥開發領域。2018 年 DeepMind 發表了一款叫「AlphaFold」的新深度學習程式。我們人體內的蛋白質是由 20 種胺基酸化學結合後形成的，這時蛋白質會建立蛋白質折疊（protein folding）結構，這結構會取決於胺基酸的個數與序列。當這蛋白質結構發生問題時，會引發糖尿病、帕金森氏症、阿茲海默症等難治之病。從過去到現在，一直有很多科學家拚命解析這種蛋白質折疊的原理，但是要分析幾乎接近無窮的蛋白質構造仍然是一件很困難的事。可是，在 AlphaFold 學習了數千個蛋白質的 3D 構造後，它已成功預測出新的蛋白質折疊，並藉此找到了能量效率最高的序列。這項類神經網技術將大幅降低新藥研發時間，並且可能成為解決不治之病的新關鍵。

主導新藥開發的製藥 AI 估計會為製藥產業帶來比加速藥物研發時程影響更大的革命。另外，以人工智慧、集中的方式發現藥物不僅能大大提升效率，也具有降低臨床前試驗失敗率的潛能。

人工智慧與醫療領域的大數據，數據重整

數據重整（data crunching）意指分析出有助於人類做出決定的數據與模式。醫療前線的數據多如洪水，而這些數據其實都有益於適用在每個地方。舉例來說，在美國每年有 40 多萬名病人因為不明原因的心臟麻痺或呼吸衰竭而過早死亡（early death）。儘管這些病人們死亡後都留下了許多醫學線索，光靠醫生或護理師很難及時處理與分析這些超載的資訊，也因此在拯救病人生命上心有餘而力不足。但是，如果能交給人工智慧來處理的話，情況將大不相同，因為人工智慧能夠分析龐大的數據量，在尋找拯救生命的模式與洞察力方面很強。

光是在美國，每年就有 250 萬份醫學論文被發表，雖然裡面記載著新的醫學發現、可信的治療方法與知識，但是從現實上來看，醫生不可能把所有出版的資料全都讀完。為了解決這個複

雜的問題，嬌生公司（Johnson & Johnson）正在訓練IBM的華生（Watson）人工智慧程式閱讀與理解詳細記載臨床試驗結果的論文。IBM為了豐富華生的使用數據而與蘋果公司合作，將手機程式的醫療數據提供給華生。華生系統裡現在存有4,000萬件資料，且每天會消化27,000件新資料，並傳送資訊給數千名使用者。此外，才一年的時間，華生成功診斷出肺癌病人的準確率就達到了90%，與人類醫生的50%準確率相比高出許多。

另一方面，處理傳統醫療系統裡尚未被整理、龐大的資料，例如處方箋、醫療紀錄、病理學報告、X光和報告等也是個問題。亞馬遜為了解決這個問題，發表了一項適用於美國醫療保險可攜性與責任法案（HIPAA）的機器學習服務，它可以分類病人的診治、處方、症狀及徵兆等尚未被整理的數據。

這項服務系統可以分析與數位化病人的醫療紀錄，個人也可以進行自我健康管理，而醫生與醫院可以使用這些數據，進而改善治療方案與降低成本。前美國食品藥品監督管理局首席醫療資訊長、現為亞馬遜醫療部門負責人的塔哈．卡斯豪特（Taha Kass-Hout）宣稱內部測試的結果證實了這個系統比其他公司的產品更優秀。他也表示公司目前正在與位於西雅圖的福瑞德哈金森癌症研究中心（FHCRC）合作，將這項系統用於癌症預防與治療的機器學習研究上。

輝達（NVIDIA）執行長黃仁勳曾說過：「軟體正在吃掉世界，但是人工智慧正在吃掉軟體。」這代表以後人工智慧會先吃掉醫療領域，加速人類長壽研究並增加人類的健康壽命。人工智慧與數據分析技術已經在不少領域中繳出創新又高成功率的演算法成績單，它們將會成為引領醫療產業的未來金礦。

02

像感冒藥一樣販售的預防老化藥

氣候變遷、延長壽命和返老還童可以說是未來社會最熱門的話題。2016 年美國食品藥品監督管理局宣布了「老化是可以治療的潛在疾病」。如果老化是一種病，那麼只要治療這疾病就能返老還童，可以說是延長壽命的關鍵。

根據美國梅奧診所（Mayo Clinic）研究團隊所發表的論文顯示，老化細胞的毒性對整個身體來說非常強烈，人類在衰老的同時，組織也在老化，老化細胞當然也會增加，而人體中的 7,000 ～ 15,000 個細胞中只要有一個老化細胞就能引發退化性老化，促進老化的毒性若傳到其他正常細胞裡，就有可能誘發病情、慢性疾病與過早死亡。

能殺死老化細胞、治療這種「疾病」的抗老化藥物，首先在美國獲得了人體實驗許可。這款藥可以幫助清除人體內老化的細胞、增進器官的效能和預防相關的疾病。這款可能會讓科幻小說內容成真的藥物，是一個叫二甲雙胍（Metformin）的一般糖尿病藥物，目前已經透過實驗證實它有延長動物壽命的功效。而美國食品藥品監督管理局會准許這項人體實驗，也是考慮了動物實驗中已證實了其功效的關係。

殺死老化細胞的藥物人體實驗

德州大學奧斯汀分校的長壽學研究員尼可拉斯・莫西（Nicolas Musi）表示，如果能用藥物清除這些引起老化過程的細胞的話，將有助於健康地老化和預防老化相關的疾病。若以初期階段的試驗結果來看，他這樣的理論也有其根據。

2019 年 1 月莫西和他的同事們針對患有致命的特發性肺纖維化（idiopathic pulmonary fibrosis）的 14 名病人，實施了以去除老化細胞為目標的藥物組合療程。病人們三週內服用了九次治療白血病的抗癌藥物達沙替尼（dasatinib）和一種植物性抗氧化劑類黃酮素的槲皮素（quercetin）。臨床試驗一結束，病人們都能比以前走得更遠，其他症狀也減緩了，且沒有出現嚴重的副作用。

雖然是小規模的試點臨床試驗，但是第一次人體實驗的結果意義重大，尤其在像是特發性肺纖維化這類與老化相關疾病的治療方法上，可以說是獲得了重大的成果。

因為是去年完成的實驗，所以以現況來看，如果想再更明確地驗證這款藥品組合是否有抗老療效的話，還需要更多的時間，研究人員們也在努力地證明中。研究團隊已經開始對 20 名患有慢性腎臟疾病的病人和 15 名患有肺部疾病的病人進行臨床試驗中。

人類總有一天會死，目前沒有一位科學家相信人類可以長生不老（雖然現在有研究為了讓人類意識永遠存在，正在進行大腦意識上傳到軟體的實驗，但這裡我們先將之排除在外）。那麼，我們要追求的方向應該是專注在延長健康壽命，而不是延長預期壽命。如果老化是一種病，那我們可以透過適合的療法繼續享受健康的人生，而「抗老化劑」的出現，讓我們離「健康長壽」的世界更近了。

03

改變身體與扭轉老化的再生醫學現況

人類的大腦比其他動物要大上很多，我們也因大腦的能力而有幸享有富足的生活。可是撇開大腦，人類的身體機能大部分的時候都比其他動物差。我們知道不少身體擁有優勢機能的動物，像是蜥蜴在危急時會斷尾求生，反正尾巴隨時都可以恢復；另外，線蟲、海星、海參也是身體可以再長出來的動物；鯊魚則是會不斷地換牙，一輩子可以長出 2 萬顆以上的牙。

這些動物身體的驚人再生能力是否也適用於人類，這個疑問一直是生物學界長期的課題。若能使斷掉的四肢能夠再生而不需要義肢的話，將會是人類史上前所未有的醫學、生物學大進化。在科學家長期的研究下，最近的再生醫學創新讓人體擁有這種機能的可能性變大了。

彌補身體缺陷的技術：幹細胞治療

幹細胞是可以變形成心臟、神經細胞、肝、肺、皮膚等特殊細胞的未分化細胞，它會為了生產更多的幹細胞而分化、分裂。幹細胞的角色是擔任我們體內的治療系統，它會治療受損或發炎的部位。問題是隨著年紀的增長，幹細胞最多會減少 1 萬倍。假設將我們的身體比喻成房子的話，那麼幹細胞就是維修人員，如果房子很新又是年輕維修人員的話，所有東西可以修理得很完美；但是房子老舊、維修人員又上了年紀的話，房子最後一定會垮掉。如果我們可以修復幹細胞並使它變年輕的話，又會發生什麼事呢？

目前，有一個可能修復及回春的辦法，那就是在身體健康的狀態下抽取自己的幹細胞，予以濃縮後再次注射回去。注射回去的「年輕幹細胞」可以幫我們找回活力、降低發炎、治療自體免疫疾病，還可以增加肌肉量、治療關節、活化肌膚與刺激毛髮生長。

實際上，在史丹佛大學進行的研究裡，18 名腦中風病人之中有 7 名使用幹細胞治療後，運動機能出現了明顯的改善；這項治療方法也證實了對阿茲海默症、帕金森氏症、漸凍人症（ALS）等其他神經退化性疾病也有療效；另外，南加州大學凱克醫學中心（Keck Medicine）公布他們最近使用幹細胞治療了一位 21 歲癱瘓男性受傷的脊椎後，該名男性的雙臂在知覺和運動上出現了很大的改善；而在 2019 年 3 月時，英國醫生們甚至使用幹細胞成功治癒了愛滋病患，這是全球第二例。

現在，有越來越多人使用幹細胞來治療退化性疾病和免疫系統相關疾病。幹細胞市場預計在 2022 年時會增至 2,970 億美元，並且伴隨著高齡化、慢性病的增加，市場對於再生醫學的需求也會變大，將成為日後帶動幹細胞相關產業的重要動機。

更換身體的技術：異種移植及3D生物列印

光是在美國，就有 12 萬人在等待器官移植，而且每十分鐘就會增加 1 人，人數正在不斷上升，而每天平均就有 20 人因為無法移植或錯過時機而死亡。換句話說，如果能提早接受器官移植的話，將可以拯救 35％死亡的美國人，也因此現在培養或製作人類器官的再生醫學將擁有改變世界的大機會。

美國生物科技公司 United Therapeutics 是一家專門研究異種移植（xenotransplantation）的公司，致力於將動物器官改造成符合人類後，移植給需要的人。他們考量到成年豬隻的器官和人類的器官大小、形狀相似，所以正專注在編輯豬的基因，設計出人類可以使用的器官。現在 Therapeutics 表示他們正在進入基因豬農場的設計階段，預計將來每年可以生產 1,000 個移植用的肺。目前，中國已經允許販賣豬眼角膜用於人體，而美國匹茲堡大學也將基因改造過的豬腎臟移植給猴子，接受移植的猴子成功存活了六個月。

除了這種異種移植以外，最近使用 3D 生物列印技術的人工智慧也在快速發展中。哈佛大學就利用 3D 生物列印技術，成功製造出人體腎藏的基本功能單位——腎元（nephron）；英國新堡大學研究團隊則是成功利用 3D 生物列印技術製造出人類的眼角膜；而韓國浦項工科大學也使用 3D 生物列印技術成功製作出人工肌肉。由此可見，現在人類器官 3D 列印技術距離商業化又更進一步了。

返老還童技術：輸入年輕的血

不曉得你知不知道被稱為「血腥伯爵夫人」的巴托里．伊莉莎白的故事。她是歷史上最殘忍的伯爵夫人，傳聞中她為了保持青春美麗，會殺掉處女們再飲用她們的血，以及用她們的血來沐浴。然而，這曾流行於十六世紀的毫無根據的說法，卻在二十一世紀成為科學事實，真實上演中。

史丹佛大學和哈佛大學在最近完成的研究中，證實了年老動物輸入年輕動物的血時，會促進組織與器官的再生；反過來的情況也是可行的，將年老動物的血輸進年輕動物體內，會加速牠們的老化。畢業於史丹佛大學醫學院的潔西．卡曼茲（Jesse Karmazin）認為該實驗獲得的數據也可適用於人類，因此為了進行臨床試驗而開設了一間叫 Ambrosia 的新創公司。Ambrosia 預計採集 16 ～ 25 歲健康年輕人的血漿後，輸入給 35 歲以上的受測者，並監控輸血後兩年間的血液狀況與結果。

Ambrosia 解釋他們去年針對 150 名受測者進行了這項臨床試驗，到目前為止已從受測者身上獲得了返老還童的有趣數據。卡曼茲說：「這就像是基因表現（gene expression）重新設定基因一樣，效果看起來幾乎是永久性的。」

「再生醫學」這個詞最早出現在 1992 年蘭凱撒（Leland Kaiser）的醫院行政報告中，他在說明有關會影響未來醫院發展的技術時，將之介紹為「可以治療慢性病和促進受損器官組織再生的醫學新領域」。還有，之後再生醫學產業會呈現指數性成長，而成長速度估計會因為現在的技術發展而加速。

如果說大數據與人工智慧的重點是放在診斷疾病和開發新療法的話，那麼再生醫學的重點就在於修補人體、更換器官，進一步讓我們變年輕。因此，人類的健康狀態和身體機能都有可能出現戲劇般的演化，未來說不定我們也能擁有漫畫中出現的驚人再生能力，甚至是受傷部位長出新肉的再生能力。

04

使長壽研究迎來了新世代的微生物群

存活在人體腸道內的小細菌和微生物們，我們稱之為微生物群（microbiome，即腸道菌群）。微生物群的數量是人體細胞數量的 2 倍以上、基因數量的 100 倍以上。因為微生物群會隨著人類基因或居住環境而有所不同，所以又被稱為第二基因體（second genome）。微生物群可以用於分析出好菌和壞菌的產生原理以及疾病間的關聯性等，所以不僅被廣泛用於新藥研發和疾病療法的研究，也被用於食品、化妝品研發上。更深入探討的話，在最近完成的新研究裡，微生物群被證實了它是最能準確顯示人體年齡的生物時鐘。因為這項研究結果，醫學和長壽學研究上又出現了另一個重大突破。

機器學習和微生物群分析的結合

到目前為止，我們還不太瞭解腸道菌群和年齡的關係。長壽學研究家紮沃隆科夫和他創立的新創公司英科智能，最近因為揭開了腸道菌群和年齡的關聯性而受到科學界的關注。

這項研究是以 20 ～ 29 歲目前住在歐洲、亞洲、北美共 1,165 名健康年輕人為對象，採集了 3,663 個腸道菌群樣本進行實驗。研究人員們用深度學習演算法分析了 90％樣本中的 1,673 種不同的微生物數據。之後，人工智慧的演算法經過訓練，再針對剩下 10％樣本的腸道菌群分析，就能成功預測出受測者的年齡。

這項研究充份證實了腸道菌群會隨著人類年紀的增長而改變。像這種微生物群老化時鐘（microbiome aging clock）可用於檢查「人類消化器官的衰老速度有多快或多慢？」、「飲酒、抗生素、飲食等是否影響壽命？」另外，當患有特定疾病（像是阿茲海默症）的人與健康的人做比較時，也可以藉由微生物群的數量來做確認。

我們藉由改變腸道中的環境、維持平衡就可以預防及治療疾病的原因在於腸道與神經網路連結，它會將人體約 70％的免疫細胞都集中在腸道，再透過內分泌系統將營養送到全身各處。這項研究意味著紮沃隆科夫建立了微生物群老化時鐘的基礎，也讓「藥品、食物、酒精消費對人體腸道的影響」成為了未來的基本研究課題。

活得更久、更健康的方法

微生物群對長壽的影響研究，非常有助於我們理解人類為什麼會變老，又會以什麼方式變老，也可以成為全新的研究角度。根據報告顯示，微生物群還會影響過敏、糖尿病、一部分癌症以及憂鬱症之類的人類精神狀態。哈佛大學的科學家們正在使用基因工程研發一種可以準確收集微生物群狀態的「電話細菌」。

這類研究還有另一個正向意義，那就是持續收集的微生物群數據可以提供人工智慧分析與學習。現在我們已經知道很多有關腸道菌群的作用了，如果人工智慧加入的話，我們就能更廣泛地瞭解自己的腸道裡正在發生什麼事，以及它們對我們的健康有什麼意義了。

現代醫學正以微生物群為中心展開一場巨大的變革。全球製藥公司已經開始大量投資以乳酸菌和腸道菌群為基礎進行的新藥研發、新物質研發。微生物群是擁有無限發展潛力的領域，不只可以讓人長壽，還可以讓人克服憂鬱症、老人病、失智症、帕金森氏症等疾病，延長人類的健康壽命。

05

2020 年，與電腦連接的人類

科學家為了徹底查清人類大腦運作原理，而試圖以人工方式再現人類大腦的研究當中，最具代表性的就是「大腦植入裝置」（brain implant）技術。大腦植入裝置技術是將微電極植入大腦，再由電腦解讀大腦發出的生物電流訊號，屬於腦機介面（BCI）技術的一種。2000 年代初期開始的大腦植入裝置研究，經過幾年對猴子的動物實驗後，也另外完成了漸凍人症的臨床試驗，我們現在距離治療疾病、克服難題的目標又更進一步了。

在史丹佛大學最近完成的一項研究裡，證實了全身癱瘓的病人可以透過大腦植入裝置控制一般平板電腦的滑鼠游標。史丹佛大學工學院教授兼該研究論文第一作者的克里希納・謝諾伊（Krishna Shenoy）教授表示，這次研究看到了有神經系統障礙的人也可以與人溝通的可能性。參與這項大腦之門（BrainGate）研究聯盟的大學有史丹佛大學、布朗大學、凱斯西儲大學，研究重點在於設計腦機介面來幫助在神經方面患有缺陷的病人們。

用想的就能溝通的時代

首次證實病人們可以用想的控制滑鼠游標、「點擊」平板電腦的這項研究之所以特別，是因為研究中沒有使用特定軟體或精密設計的機器，而是透過我們很常見的平板電腦實驗這項技術。在以前的研究中，通常只能透過專門設計的機器達到目的，可是這次研究的受測者們只要憑藉思考就能自由地摸索一般平板電腦裡的郵件、天氣、網頁瀏覽、聊天介面等程式。他們像是手腳自由活動的人們一樣，可以讓滑鼠游標到處跑、移動畫面，而這只是腦中想著「移動我的手」就能做出點擊動作。

這項研究意味著癱瘓病人們離稍微平凡一點的生活又更進一步了。雖然目前還無法像正常人一樣能更快速又準確地移動滑鼠遊標，但是研究團隊現在的研究方向是尋找改善系統的方法。

他們的最終目標，是讓癱瘓病人們也可以過著和普通人一樣的生活，如果有技術可以從腦波中精確地同步解讀出人的想法或情緒的話，這些病人就能享受網路遊戲、購物、閱讀、寫字以及與人們自由溝通。更深入來說，不限於身障人士，這項技術也可以用在隨著年齡增長而行動逐漸不便的老年慢性病患者們身上。如此看來，它擁有的潛在價值非常大。

靠自由溝通來克服障礙

除了史丹佛大學全力開發腦機介面技術，伊隆・馬斯克創立的 Neuralink 公司 2019 年 7 月發表了最快於今年開始進行電極植入癱瘓病人大腦的實驗計畫，並受到了許多關注。他們的第一個目標是研發出幫助無法行動或溝通的人再次行走或溝通的輔助技術。

Neuralink 這次公布的計畫中最令人印象深刻的，是他們公開了一款可以每分鐘植入 30 到 200 個電極、總共 3,000 個神經電極的腦機介面技術，將它當作是很容易讓人聯想成縫紉機的神經外科手術機器人就行了。當然，腦機介面技術是需要做腦部手術的，所以這項研究要面對的另一個問題是必須盡量降低鑽開頭蓋骨後植入電極的外科難度。Neuralink 開發的裝備是利用精密的手術機器人將超細微的線植入大腦，而機器人的高超技術絕對不會碰到大腦表面的細微血管。Neuralink 更進一步的目標是使用雷射光束進行腦部手術，就像是眼睛雷射手術一樣的非侵入式技術。目前 Neuralink 正在等待美國食品藥品監督管理局批准人體實驗。

像是 Neuralink 等這些研究腦機介面的人們，他們夢想的未來究竟是什麼樣貌呢？應該是讓四肢癱瘓的人們單憑思考就可以控制電腦或智慧手機，幫助他們恢復觸覺或視覺，盡可能過著普通生活吧。我們需要長期關注這項先進的腦機介面技術的原因就在這裡，因為它非常有機會能幫助人們克服身體不便、打造健康的老年生活，提高生活品質。

06

全基因體定序將是未來健康管理的里程碑

基因檢測的 Veritas Genetics 公司在 2016 年宣布降低全基因體定序（whole genome sequencing）分析的費用至 999 美元，這曾是轟動生技界的頭條新聞。目前，這家公司的價格近一步降到了 599 美元，再一次為基因檢測產業掀起混亂。Veritas Genetics 公布他們已完成了約 5,000 人的全基因體定序，並且數字會持續增加，預計 2020 年增加到 2 萬人，2021 年增加到 17 萬 5,000 人以上。現在，該公司的目標是在 2022 年時降價到 100 美元，藉由降低附加成本的方式讓更多人可以進行全基因體定序。2003 年完成人類基因圖譜時，解析一個人的基因要花上 10 萬美元，而才二十年不到的時間，成本居然就達到了革命性的縮減。當我們認知到完成越多的基因體定序分析，越能提供給醫生們更先進的科學解析這一事實時，就能瞭解全基因體定序的大眾化對醫療衛生產業所帶來的影響其實非常大。

Veritas Genetics 的成本下降為全基因體定序領域帶來了革命的同時，有個國家也正試著透過基因體定序分析來改善國民的健康。

「10萬人全基因體定序計畫」完成的意義

英國從 2012 年開始的「10 萬人定序計畫」（100K Genome Project）已經完成了。這項計畫的目的是為患有罕見遺傳病與癌症患者尋找新的診斷方法及改善現有療法，並以癌症患者與其家人共 85,000 人為起始點，進行 10 萬人基因體定序分析。參與者都同意自己的基因體定序資料會被儲存在醫療紀錄中，並且會分享給 390 間研究所的研究人員使用，以助於分析疾病的原因、治療及管理。

這項計畫的達成具有相當重要的意義。時任英國首相大衛卡麥隆（David Cameron）發表了要讓英國成為基因醫學界領導者的宣言後，在 7 年內完成了這項計畫，且改變了很多英國人的生活。在這當中，每 4 名患有罕見病的人裡，就有 1 人可以在第一次獲得準確診斷；而幾乎一半的參與者也加入了尋找潛藏癌症風險的臨床試驗或接受標靶治療，並獲得了成效。

與英國國民保健署（NHS）共同進行這項計畫的英格蘭基因組學公司（Genomics England）執行主席約翰．奇澤姆（John Chisholm）表示「10 萬個全基因體定序的成就將成為未來健康管理的重要指標。這項成就對於基因上可能轉變成罕見疾病與癌症的早期發現與治療來說，是一個重大發展」。英國國民保健署預計在 2023 年前會分析完 100 萬人的全基因體定序，而全球預計也會跟上英國的腳步。

就像這樣，基因體革命需要公家機關和民間的共同參與才能獲得有意義的結果。根據目前的趨勢來看，全世界很有可能最快在2025 年前完成 10 億人的全基因體定序。在不久的將來，幾乎已開發國家的所有人都能使用自己的 DNA 紀錄進行健康管理，而開發中國家也會迎頭趕上。

解讀人類密碼是為了讓人類從疾病中解放，幫助人類活得更久、更健康又幸福。不過，我們還有很多要解決的問題，像是如果想要分析龐大的數據，我們需要比現在更強的人工智慧系統；此外，一定也會有人對於個資的保護感到擔憂。不過，我認為在克服疾病的指數型成長時代下，這些問題是完全可以解決的。在這些問題都備妥配套措施後，實施基因體醫學的時代預計會加速展開。

第 7 章

15 項全球的挑戰與對策

01

氣候變遷與永續經營的開發

到底該怎麼做才能結束氣候變遷的惡性循環、實現永續經營的開發呢？在197國參與並於2016年11月生效的《巴黎協定》中，要求各國必須努力維持全球平均溫度升幅控制在工業革命以前的1.5度水準之上，而2019年6月的現在，有185國批准了這項協定。雖然過去3年間的發電效率提升了，美國與中國也減少了煤炭的使用，二氧化碳排放量的增長趨勢也漸緩了，但是至今累積的二氧化碳還是持續為地球加溫，再加上美國政府退出協定，所以有可能造成其他國家們要更努力去達成新的減碳目標。

根據NASA表示，全球氣溫對比工業革命之前已上升了攝氏1度，並且推測如果按照現在的升幅趨勢，到了2040年時非常有可能上升1.5度，而到了2100年時可能會上升2.8度～4.8度。至於海平面自工業革命以來上升了20～22公分，並且每年平均上升3.4公釐，預計21世紀結束之際，海水酸化會比工業革命以前要高出150%。

每年，我們會製造約90億公噸的碳到大氣中，而大自然每年會處理其中的 50 億公噸左右，剩下的約 40 億公噸則會留在大氣中。在 2 億 5,200 萬年前左右，當時空氣中的二氧化碳增加，海藻類產生變化、硫化氫濃度增加，導致臭氧變得枯竭，最後地球因為溫度上升而造成了二疊紀大滅絕，那時有 97％的生物都滅亡了。如果我們不停止溫室氣體的排放，又找不到方法減少已存在於大氣中的溫室氣體的話，那麼二疊紀大滅絕可能會再度重演。另外，現在全球 75 億人口會在 2050 年之前再增加 20 億，而全球經濟規模預計會擴大 3 倍，所以想要停止溫室氣體增加的話，就需要史無前例的國際級合作才行。

茂納羅亞太陽天文臺（位於美國夏威夷州大島上海拔 3,396 公尺處）各月份偵測到的二氧化碳濃度，在 2019 年 6 月達到了 414.28ppm。第一次突破 410ppm 是在 2017 年 4 月 18 日時，萬一這個增長趨勢持續下去，大氣中的二氧化碳會在 2100 年時達到 1,000 ppm，到時有可能會發生和二疊紀大滅絕一樣的事情。

想要解決全球氣候變遷問題，我們應該透過抵制、制裁等各種手段，讓《巴黎協定》與各國履行簽署的內容。再來，為了達成其他國家也可以參與像是美國與中國「阿波羅二代」（Apollo-Like）研發目標，大家應該也要推動「NASA 二代」（NASA-Like）的研發計畫（注：就像是 1963 年時大部分的人都認為人類不可能登陸月球一樣，在氣候變遷相關議題上，也有許多人認為美國與中國不可能達到十年內將溫室氣體排放降到 350ppm 的目標，因此稱呼這項計畫為「阿波羅二代」）。此外，我們也可以透過不飼養動物，而是從實驗室培養並直接生產肉類、牛奶、皮革及其他動物方面的產品，以減少能源、土壤、水、醫療支出、溫室氣體的使用或產生。除此之外，還有擴大海水灌溉農業的發展、推廣素食主義等方法。提高森林面積，將老舊城市改造成環保又智慧的城市，當需要建造新城市時，必須打造成環保又智慧的城市，以及中斷化石燃料的投資、啟動碳排放交易系統與碳稅制度等，我們需要全世界動起來將化石燃料轉換成再生能源。

世界各國針對氣候變遷的動向

歐洲

歐盟的 2020 年氣候／能源目標已經步上了軌道（溫室氣體排放量要比 1990 年的減少 20%，整體能源要有 20%來自再生能源，能源效率要增加 20%）。歐盟執行委員會（EC）已經簽署了 2050 年降低 80%～ 95%排放量的低碳經濟策略規劃。在歐洲，因為空氣汙染而過早死亡或罹患相關疾病所帶來的支出是 1 兆 6,000 億美元，幾乎占了歐盟 GDP 的十分之一。因此，他們宣布了 2018 年是「空氣之年」，並提出了 2030 年新策略，目標是讓 58,000 人免於過早死亡、減少每年 1,400 億歐元支出。目前，德國發表了 2038 年前關閉 84 間煤炭工廠的計畫；法國則是為了再生能源的轉換與促進能源效率而徵收碳稅；俄羅斯的目標則是在 2020 年之前減少

22％～ 25％的溫室氣體，以求達到 1990 年的水準。

亞洲

中國是全球溫室氣體的最大排放國，中國在 2005 年時的每日平均固體廢棄物排放量是 57 萬 3,000 噸，估計到了 2025 年時會成長到 150 萬噸。因此，中國計劃在 2030 年之前逆轉中國的溫室氣體排放量，並確保 20％的能源來自完全不會排放溫室氣體的能源。目前中國有 7 個省與城市正在進行碳交易系統的測試，預計之後會擴大到全國。

02

獲得無紛爭、無競爭的乾淨水資源

想要和平又公平地讓所有人都能獲得乾淨的水資源，到底該怎麼做呢？1990年時，全球約有76%的人口可以使用「水質改善過的飲用水」（這裡指的是藉由自然或人為積極介入下阻斷外部汙染，尤其是糞便汙染的水），而現在這比例超過了90%。可是，全球仍然有10%的人無法喝到乾淨的飲用水。目前，全世界仍有三分之一的人連符合衛生的廁所或簡易廁所都沒得使用，而其中還有8億9,200人在野外上廁所。

根據聯合國世界水資源開發報告，現在約有5億人口的用水量相當於可自然循環的2倍，所有大陸的地下水位都在下降中。另一方面，每年未處理的汙水卻在增加中，比例高達整體廢水的80%。現在，全世界將近一半的人類所使用的，是由兩個以上的國家所管制的水源。地球暖化使得乾燥地區乾旱更加嚴重，潮濕地區的洪水次數增加。

人類使用的水當中，有70%用於農業、20%用於工業、10%為家庭用水。但是，已開發國家用於工業的水就占了50%～

80%。此外，開發中國家的工業與農業規模會不斷擴大，人口也會成長，估計隨著人均 GDP 上升，人均用水量也會增加。

發電廠的冷卻水系統的用水量非常龐大，根據美國的一項研究顯示，核電廠生產電力時使用的淡水量幾乎是天然氣發電廠的 8 倍。而能源需求與糧食需求是綁在一起的，因為能源需求預計在未來的二十年會增加 40%，所以我們現在亟需改變水資源管理方式，例如發電廠可以使用貫流式或集水池方式，讓水資源循環並減少用水量。除此之外，沿海地帶的海水灌溉農業、水耕栽培、廢水回收再利用等的方式則可以降低淡水的需求。

如果我們不做出重大改變，人類最終將會面臨嚴重的水資源危機和移居問題。為了讓開發中國家盡可能擺脫貧窮與難民問題，許多國家與組織機關必須站出來帶頭執行，以確保社會有乾淨的水資源可用。根據聯合國推測，如果想避免未來缺乏水資源，從現在開始到 2030 年為止，每年預估需要花上 500 億～ 600 億美元來預防。為此，全球領袖們簽署了 2030 年時實現「任何人都能享有安全的水和衛生環境」，以及其他聯合國永續經營發展相關的目標。

世界各國確保水資源的動向

歐洲

歐洲現在大約有1億人口無法獲得安全的飲用水，有6,600萬以上的人口無法使用良好的衛生設施。此外，儘管在德國因為劣質的基礎建設而浪費的水不到5%，但是在保加利亞卻增加到了近50%。歐盟正在進行水資源缺乏與乾旱的政策檢討，也已經制定了水資源平衡管理的共同農業政策，其中西班牙是第一個在制定政策時使用水足跡評估的國家。目前，俄羅斯是全球淡水儲存量最多的國家，可以輸出水資源到中國與中東地區。俄羅斯也計劃最快在2030年前提高用水效率2.5倍。

亞洲

全球有60%的人口居住在亞洲，可是亞洲的淡水卻不到全球淡水的30%。其中，中國的淡水儲存量甚至不到全球的6%，但是中國卻要用這些水來滿足全球22%人口的水資源需求，而且因為害怕水汙染，中國人過去5年來瓶裝水的消費量成長了快2倍。中國現在每天可以淡化68萬立方公尺的海水，並計劃於2020年時增加4倍，達到300萬立方公尺。除此之外，北京市也打算從河北省曹妃甸港設置一條長270公里的管線，輸入淡化過的水。這項預計耗費29億美元的計畫，將會在2020年時供應北京市三分之一的水需求。

03

人口成長與資源的平衡

有沒有可以讓人口與資源達到均衡的方法呢？目前約 77 億的全球人口將在 2050 年時再增加 20 億。這將促成城市地區規模會在 2030 年時增長 3 倍，而近郊農業地區會消失。如果降低嬰兒死亡率、強化與改善家庭計畫相互產生加乘作用的話，人口增加的規模就有可能小於這個預估值。根據聯合國糧食及農業組織（FAO）的預測顯示，假設全球人口在 2050 年達到 91 億的話，那麼糧食生產必須增加 70%，而開發中國家更是必須增加 2 倍才行。

另外，嬰兒的預期壽命在 1950 年時是 46 歲，2010 年上升到 67 歲，2019 年則是 73 歲。2017 年，有 9 億 6,200 的人超過 60 歲，聯合國預估 2050 年時會上升到了 22 億人。那時 65 歲以上的人口會比未滿 15 歲的多，退休的定義也會和現在不同。退休年齡會比現在更晚，人們上了年紀還會繼續工作，並制訂各種形式的遠距工作、工時制、職位輪調，減少年輕世代的經濟負擔，讓大家可以維持自己的生活品質。如果科學家完成了許多再生醫學與基因編輯技術等有關延長壽命的研究，並且這些研究對人類有用的話，老年人口可能將不再是經濟負擔，而是社會的資產。那麼，我們就一定要具備許多先進的技術，因為高齡化社會很難負擔得起長期醫療費用。

人類大腦計畫、人工智慧等其他先進技術終究能防止老人的精神衰退，甚至還可能提高智慧。未來，人們過了現在法定的退休年齡也會繼續工作，並且會創造出各種形態的工作。不只是能減少年輕世代的經濟負擔，也會為年邁的人們提供更有趣的生活。

要是我們不改變現有的農業與糧食生產方式，2050 年時要養活新增的 20 億人口、改善現在 10 億營養失調人口等等，都將會對環境造成相當大的破壞。農業廢水現在已經汙染了河川，全球到處都在製造生物無法生存的海洋死區（dead zone）。因為工廠式農業的管理方式，所以藉由食物傳染的疾病也在增加中。為了解決糧食問題，農業需要新的處理方式，像是改善利用雨水的農業與灌溉管理方式、投資精準農業（precision agriculture）與水耕栽培，還需要投資高產栽培、耐旱強的穀物基因工程。整個產業品質越是提高，我們越是應該加快研發安全的奈米技術，以盡可能降低每項產出單位投入的資源。還有要增加沿海的鹽地農業及耐鹽植物的研發，鹽地農業的優勢是能夠降低淡水農業的缺水機率，同時增加工作機會。此外，我們也需要擴大生產無需飼養動物的人造肉、可當作動物飼料與人類糧食的可食用昆蟲。

城市人口將在 2050 年時成長近 2 倍，尤其幾乎所有開發中國家的城市都會出現人口成長，這也會加重城市系統的壓力。我們或許可以將那些讓城市更智慧的物聯網與市內感測器、智慧型軟體進行整合，藉此來解決人口增加、移居城市人口增加、氣候變遷引起的問題。目前印度計劃最快在 2022 年時打造 100 個智慧城市，中國則是推出了大約 200 個智慧城市試點計畫。

世界各國的人口變化動向

北美

隨著生物科技、奈米科技、客製化基因體醫學等開始產生影響，預計在 25 ～ 50 年之後，人類的預期壽命將出現無法避免的劇烈突破。目前在美國，領取老人年金的人自 1980 年代以來激增了 1,300%。而根據推測，美國 60 歲以上的人口比例將持續增長，在 2050 年時來到 27%。另一方面，現在有三分之二的美國人過重或肥胖，9.3%的人患有糖尿病，而每年一人平均浪費 253 磅（約 114 公斤）的食物，如果能減少這些浪費，就有可能調整人口與資源的比例。

亞洲

2050 年時，預計會有 60%以上的城市人口增加發生在亞洲。但是，亞洲城市過度集中在災害頻繁的地區，特別是容易受氣候變遷影響的地方，現在甚至就有超過 5 億人生活在貧民窟。預計到了 2025 年時，中國會有 220 座人口超過 100 萬人的大城市，且人口突破 1,000 萬人的巨型城市將達到 8 座。中國 1990 年的城市化比例是 26%，現在則是成長 2 倍以上，達到了 55%。根據中國預算 42 兆人民幣的《國家新型城鎮化規劃》（National New-type Urbanization Plan）顯示，這項比例將會上升到 60%。可是，中國在還未擁有充份可以支撐龐大老齡化人口的財富之前，就已經開始衰退中。2014 年在中國有 1,000 萬人死亡，他們推測這數據從 2025 年到 2030 年為止會成長 2 倍。這數據已超過了中國現有火化場的承載範圍，他們將會生產過量的戴奧辛與其他汙染物質。

日本現在的人口是 1 億 2,700 萬人，預估到了 2060 年時會減少到 8,700 萬人，日本正在討論要將退休年齡從 65 歲改成 75 歲。另一方面，印度人口預計到了 2028 年時會超越中國，他們的人口會在這數十年間不斷成長。2050 年時印度將會成為全球人口第一大的國家，並超越印尼成為伊斯蘭教人口最多的國家。

04

打破獨裁政權與民主主義擴散

網路是能夠使全球各地獨裁政權被推翻的自由力量。但是，威權主義似乎再次找回了控制權，並把網路當作迫害民主主義的一種手段。根據美國智庫「自由之家」（Freedom House）一份與自由度相關的報告顯示，過去十年全球的民主化都在原地踏步，而且有可能會被逆轉。報告中說明，2017 年網路自由度改善的國家有 35 國（2016 年是 61 國）、2018 年有 50 國；退步的國家在 2017 年有 71 國（2016 年 105 國），到了 2018 年有 68 國。全球網路自由度從 2006 年開始出現退步的跡象，之後更是有 113 國退步了，只有 62 國有過進步。

2010 年掀起的「阿拉伯之春」最終證明了網路具有無政府能力，可以在全球壓制人民最嚴重的國家裡散播言論自由與自主權意識。可是不到十年，各國獲得的大部分努力又再次遺失了。我們從 2016 年美國總統大選就能看出，社群網路是網路社會運動的核心，在促進民主的同時也能輕易破壞民主。「自由之家」針對全球 65 國、87％的網路使用者的調查，顯示全球網路自由連續八年都在退步。研究結果還指出，雖然有 19 國的網路自由度進步了，卻有 26 國惡化了。

其中，美國就是網路自由度退步的國家。美國廢除了要求網路供應商平等處理所有網路數據的法規，再加上議會重新批准了外國情報監視法案（FISA），這讓美國政府可以更廣範圍地監控網路。不過這份報告中最令人擔心的，是美國政府可以擴大範圍監控網路輿論與帶風向，並散播可以壓制反對派勢力的假新聞。報告更指出威權主義政府會更加監控網路輿論，以減少民眾的批評聲音。另外，他們發現有 32 個國家會使用網路機器人或請一些幫政府說話的評論家，在臉書、推特等社群網站以及 WhatsAPP 等通訊軟體上操控網路的討論風向。目前至少有 22 國禁止一項這種平台使用，有 13 國的政府正在妨礙人民使用網路。

中國可以說是網路自由度最低的國家。中國會大範圍地自動監控人民，收集與整合經過嚴格審查的所有資訊，並將自己的數位威權主義散播到其他國家。在 2018 年調查的 65 國之中，有 35 國政府官員曾參與了自己國家的資訊管理技術研討會或訓練課程，另外中國還提供了網路監控設備給還不太重視人權的國家們。中國正利用提出連結亞洲、歐洲、非洲的龐大基礎建設計畫「一帶一路」（Belt and Road）來完成他們想控制整個網路空間的目標。前 Google 執行長艾力克・施密特（Eric Schmidt）曾說「最近這種趨勢將會把網路分割成兩半，一半是由美國管制，另一半則是由中國掌控」。

背地調查自己國民的情報並非法收集的行為，這麼做的國家不只有中國而已。實際上，2017 年 6 月開始有 18 國增加了國家監控措施，這些政府為了更容易獲得人民的資料，還會進行試圖竊取密碼的行為。而歐盟是例外的地區，他們通過了《一般資料保護原則》（General Data Protection Regulation），更嚴格地實施個資保護法，也成為其他國家的模範。「自由之家」呼籲西方政府與科技公司應該採取更積極的措施，以防止網路謠言與保護使用者的個人隱私。

全球各國有關民主主義發展的動向

歐洲

目前，歐盟 27 國都是民主式的「自由」狀態，言論自由度的分數也最高。歐盟議會是全球最大的超國家式、民主式組織，其政治與經濟上的整合有助整個歐洲區域的民主主義擴散與發展。然而，最近發生的歐債危機、民族主義、反對歐盟的政黨崛起，這些都在阻礙著歐盟更進一步的整合。歐盟需要制訂一致性的移民政策來統整日增的移民人口與流亡申請人口，以及降低部分地區漸長的民族主義與極端主義思想。2018 年時約有 470 萬人移民到歐盟 27 國中，這種移居到歐盟國家的跨國移民可以解決他們特定勞動市場人力不足的問題。希望加入歐盟的土耳其目前得到的評價還是「部分自由」，而該國的媒體環境被評為「不自由」且在持續惡化。

亞洲

亞洲地區的民主主義在過去幾年稍微進步了。「自由之家」的報告指出有38%人口生活在「自由」，22%活在「部分自由」，40%活在「不自由」的環境。全球最大民主主義國家的印度，因為反貪腐運動的擴大而大幅改善了環境，但是他們必須改善種姓制度。另一方面，中國的言論自由是受到最嚴重打壓的國家，如果有人在網路上批評共產黨領導階層，就會遭到最嚴重的處罰。現在，全球有一半被評為生活「不自由」的人口都集中在中國，只要中國能改變這個狀態，就能改變民主主義的世界版圖。

改善未來研究與決策品質

該怎麼做才能改善影響全世界的決策品質呢？未來研究要做的是有系統地探索與預測未來極有可能發生的事。但是，由於世界變化太快、複雜度加深、相互依存性以及全球化等綜合因素，未來研究變得越來越難進行了。此外，越來越多人種與文化相關的政策更加深了未來的不確定性與多義性。另一方面，即使人工智慧、大數據分析、物聯網、集體智慧（CI）、E 政府系統等等，能夠協助人類做出決策與預測的系統不斷進化，但是擁有決策權的人往往沒受過相關的訓練。

2008 年發生的全球金融海嘯和市場環境持續惡化、所得分配不均日趨嚴重，就可以說是眼光狹隘、自私、以經濟為中心的決策所造成的。想要促進有助於創造美好未來的決策，我們需要擁有對未來的長遠目光，全球化、多層面、普遍性的觀點，以及可以將研究議題、開發、目標連接起來的方法。聯合國的《2030 年永續經營發展目標》雖然提供了很多可以建立這種架構的內容，我們仍然需要透過提升未來技術的創新速度，以理解能夠從中獲得的機會與可能的結果，而在這個過程中，國家的預測能力與決策力也將能更進步。

首先，政府和大企業應該設立有助於策略規劃的未來策略及預測部門，因為他們做決策前必須先考量那些超出他們控制範圍的全球變化，例如芬蘭國會在1993年設立了幫助政府預測與決策的常設組織「未來委員會」。我們也可以像芬蘭一樣，將國會級的未來委員會打造成常設組織，並且讓這些政府組織與企業、聯合國、學術界的未來策略組織多交流，以增加國際策略的一致性與合作。

每年，我們都會計算並發布各國及全球未來指標（State of Future Index，簡稱SOFI），政府在編列預算時，必須以5～10年為單位的未來指標報告與情境分析的策略為根據，將這些反映到預算裡。另外，也需要建立可以隨時召集政府與非政府的未來學專家網路，以快速進行未來評估。

再來，政府教育課程必須教導如何將「預測」與「決策」這兩項能力連結在一起，如此一來才可以推測未來可能發生的任何事，並且評估這些事將對政策造成的影響。

最後，也要開發與未來研究相關的國家網路集體智慧系統，以及在大學增設決策教育課程，包括預測、風險、不確定性、心理學、賽局理論、解析歷史上成功的決策、未來潛在危機等，透過各種方式培養博學多聞的通才。我們必須透過整個教育體系，讓學生建立起既長期又有系統的目標、決策、預測、未來研究等綜合能力。為了提高有助於創造美好未來的決策品質，進一步建立全球化的觀點，這些都是必要的。

全球各國政策制定的動向

歐洲

歐盟現在正因為會員國政府之間、民族之間的關係緊張，而經歷著難以做出決策的時期。提出永續經營與總體成長策略的《歐洲 2020 策略》（Europe 2020 Strategy）的主要內容是促進經濟成長與增加就業率，這是以里斯本策略（Lisbon strategy）為基礎制定而成的。荷蘭憲法要求土地使用計畫需要用五十年以上的前瞻觀點去制定。俄羅斯政府習慣使用德菲法（delphi method）與情境分析法（scenario analysis）預測未來，而企業習慣使用技術道路圖（technology roadmap）。波蘭則鼓勵大家使用定性分析去分析長期展望，而不是使用定量分析法。波蘭、匈牙利、斯洛伐克首次制定了未來指標，捷克也更新了他們的未來指標。

亞洲

當一個人要做出決定時，亞洲社會傾向家人利益大於個人利益。亞洲的宗教風俗與集體文化與西方相比稍微更直線、延續性地思考，因此當個人決策體系間發生加乘效應時，就有可能創造出新的決策哲學。亞洲基礎設施投資銀行（AIIB）、東南亞國家協會、亞洲開發銀行（ADB）可能成為協助改善長期決策系統的重要組織。像是中國比其他國家更傾向用長遠觀點進行政策制定，如果中國與印度多和其他國家交流，最後他們的力量變得更強大的話，可能讓他們更能做出全球性的長遠決策。而日本民間企業是能參與首相的長期策略企劃部門。新加坡則是非正式地開發政府未來策略組織機關與國際交流管道。

06

資訊與通訊技術的全球整合

目前，全球的網路使用人數約占了總人口的 51%，也就是 38 億人；而全球擁有行動電話的人約占了三分之二，其中有一半以上是智慧型手機。隨著智慧型手機程式的不斷發展與普及，許多先進的人工智慧系統也陸續被開發出來，例如 DeepMind 的 AlphaGo、Google 的人工智慧助理等。為了讓所有人都能使用超級電腦與人工智慧，競爭仍在持續進行中。

現在，美國、歐盟、中國等國家皆陸續推出了人腦計畫（Human Brain Project），這是集合企業的人工智慧研究，希望藉此增進個人的能力與集體智慧。中國發表了將在 2030 年成為全球人工智慧界領導者的目標，俄羅斯總統普丁則是曾說過「領導人工智慧的國家將會統治全世界」。

隨著第四次工業革命不斷發展，估計未來構成產業的所有要素都將與人工智慧連結。漸漸地，會有越來越多的公司更換成集體智慧系統，而財務服務等一部分的產業可能會被軟體程式取代。現階段的人工智慧分成三個種類：我們經常使用，適用於狹隘範圍與單一目標的「弱人工智慧」（AI，又稱 weak AI）；會重新使用自己代碼，又可應用於多重目標的「強人工智慧」（Artificial General Intelligence，簡稱 AGI，又稱 strong AI）；還有可以獨立地與人類設定目標的「超人工智慧」（Artificial Super Intelligence，簡稱 ASI，又稱 super AI）。目前，已經有專家觀察到弱人工智慧帶來了失業現象；未來如果強人工智慧誕生，可能會為就業、經濟、文化帶來更大的影響。當我們在為人類建立可以使用超級電腦與人工智慧的環境基礎時，國際之間必須在連接物聯網的安全標準方便達成協議，以及對機器學習與人工智慧的運用達到共識。

網路與手機的爆增也帶來了黑暗面，那就是惡意軟體的攻擊正在持續增加中；而影音、AR／VR、物聯網的使用量快速增加，人們也越來越擔心網路頻寬是否承受得了未來的大量需求；另一方面，隨著物聯網、可穿戴式電腦、自駕車、腦機介面不斷發展，網路安全越來越重要，數據加密也必須達到同一水準才行。在不對稱的網路戰爭與資訊戰爭中，廉價的電腦正在取代昂貴的武器成為新的權力工具。根據美國雲端服務供應商阿卡邁科技（Akamai Technology）的調查報告顯示，有 201 個國家與地區遭到網路攻擊，其中 49％來自中國。現在，我們必須學會對應未來的資訊戰，否則人們將會變得不相信網路上的資訊。政府應該將目光放在未來的網路安全，並制定相關的法規與程式，而不是針對目前的網路威脅來制定法規。此外，為了建立出安全的網路環境，政府的網路安全人員也可以考慮與無組織的駭客們合作。

另一方面，所有東西的遠距化（tele-everything）正在持續擴大。2016 年有超過七百間大學為 5,800 萬名學生提供 6,850 項遠距教學課程（MOOCs）。全球遠距醫療的價值在 2018 年時約為 383 億美元，預計 2025 年時會達到三倍以上，約 1,305 億美元。

全球各國主導資訊與通訊技術的動向

北美及歐洲

2019 年，美國擁有一台運算每秒能達到 20 億次浮點運算次數（200 PFLOPS）的「IBM Summit」超級電腦（過去五年穩居超級電腦寶座的國家是中國），而有 73%的美國家庭生活在可以使用超高速網路的地方。歐盟為了解決兒童色情、戀童癖、網路霸凌，而推出了網路安全計畫（Safer Internet Programme），這項計畫目前在 26 個歐洲國家生效。歐盟數位議程計畫（Digital Agenda for Europe）目標是最快於 2020 年時提供所有人使用高速寬頻（fast broadband），而使用超高速寬頻的家庭提升到 50%。以上計畫可以透過增加寬頻通訊公司的投資、寬頻通訊公司間增加競爭，以及推動法規制定等來達成。

亞洲

全球有 45％網路使用者集中在亞洲地區，儘管網路使用者最多，但是網路普及率卻不到 26％。2018 年，中國的網路使用者突破了 8 億人，來到了 8 億 200 萬人，以中國 14 億人口來計算的話，57.7％的網路普及率還是屬於比較低的。以人口來看，網路使用者成長最快的國家是印度，去年新加入的網路人口就有 9,800 萬人，不過 41％網路普及率還是遠低於全球平均值。

07

解決多面向貧窮與貧富差距

根據世界銀行統計指出，全球平均一天收入未達 1.9 美元的人口比例從 1990 年的 35%（18 億 5,000 萬人）減少到 2013 年的 10.7%（7 億 6,700 萬人）了。現在，這比例降到了 10%以下，以目前的趨勢來看，預估到 2030 年為止就可以達成聯合國消除極度貧窮的永續經營發展目標。但是，全球貧富不均最嚴重的國家有五分之四集中在非洲，非洲的貧富不均成了對未來穩定性的最大威脅。根據聯合國開發計劃署（UNDP）針對 102 個開發中國家計算的「多面向貧窮指數」（Multidimensional Poverty Index）報告顯示，生活於多面向貧窮中的人口高達 15 億人。

雖然絕對貧窮正在減少，所得差距則是有隨著時間擴大的趨勢，8 名富翁擁有的數十億美元財富是等於 36 億貧窮人口的所有財產。經濟在僱傭率沒什麼增長的情況下持續上升，大致上資本與技術的投資報酬率比勞動的投資報酬率更高，而且在未來，技術會取代很多需要人類勞動的部分。

雖然富翁與窮人間的個人所得差距越來越大，但是各國之間的差距可望縮小。目前，已開發國家有將近 2%的成長趨勢，新興市場與開發中國家則是每年約成長 4%～ 5%。根據國際貨幣基金組織（IMF）的資料顯示，全球經濟在 2018 年成長了 3.6%，2019 年成長 3.2%；而在全球人口每年成長 1.11%的同時，全球每年人均所得成長 2.39%。

全球必須制定長期的平等經濟開發策略，以解決貧富不均的問題。貧窮地區的經濟相當依賴原料，比起靠先進技術追求飛躍式增長，更應該要投資輸出用產品的研發與價值鏈的擴大。此外，各國還要提高基本工資與解決管理階層人才的薪資問題，並且認真考慮修訂富人稅或遺產稅的法規，以新的試驗與方法漸進式地達到均等分配。

由於人工智慧可以再生產，以及學習能力比人類還快，所以人工智慧的普及與擴散是不可避免的；而演算法在汽車駕駛、臉部辨識、複雜的遊戲以及一部分的醫療診斷上，也已經超前了人類的成就。未來，當人工智慧與其他的新一代技術降低了教育、交通、醫療照護的費用後，若能創造出向機器人與其他新一代技術徵稅的新稅源，普遍的基本所得制度應該到了 2030 年時還能永續經營下去。

因為新一代技術會帶來有結構性的長期失業現象，所以我們需要策劃可以保障收入的計畫，徵收新一代技術的稅以作為社會福利系統的新稅源，制定讓大企業與富裕的個體繳納自己應當承擔的稅制。還有，讓擁有資格證照的勞工們找到符合技術條件的工作，並想出可以解決移民或移居難題的跨國人才吸引策略也很重要。

另一方面，創業所需資金正在減少當中，想一下 Youtube、臉書、Uber 等這些公司就會瞭解了。越是這種時候，我們越要強調科學與技術、工程學、數學教育、終生教育、再進修的重要。像是 3D 列印、人工智慧機器人、人工智慧 APP 等等，我們應該要支援建立可以讓自營業者們輕鬆接觸與學習新一代技術的交流中心。另外，我們也應該要制定方案，像是讓貨車司機投資與管理自動駕駛貨車等，幫助人們投資可以取代自己工作的自動化系統。

全球各國貧窮差距的動向

北美

有推測指出，現今在美國工作的 84% 人口 10 年後也依然做著現在這份工作，66% 的人到了 2035 年也依然在同樣的位置上。不過，如果 2030 年時人工智慧被擴大使用的話，這個比例將可能被改變。雖然美國以 3,300 億美元成為全球第一大投資國，但是現在貿易逆超達到 6,000 億美元以上，其中 70% 來自與中國企業的交易。儘管爭議不斷，可是像這種擁有數百件修正案的跨大西洋貿易及投資夥伴關係中具有潛力的貿易協定，也可能為全球經濟帶來新的機會。北美自由貿易協定二十年來讓三國之間的貿易增加了 3 倍，整合了北美洲大陸的經濟。

加拿大最重要的經濟引擎是占了全體企業總數約 98%，並且僱傭員工數占了企業總員工 60% 以上的中小企業。可是，加拿大的所得差距也有擴大的趨勢。最富裕的 10% 擁有的資產，比剩下的 90% 加拿大人的所有財產加起來還多，而最貧困的 20% 加拿大人則是擁有比資產還多的負債。

歐洲

歐盟 GDP 達 14 兆 8,000 億歐元，是全球最富裕的地區之一，但是歐元區國家的負債與財政政策方向依然令人擔憂。雖然預估歐盟全區 2019 年的經濟會成長 1.5%，但是歐元區只有 1.1%。此外，歐盟的整體失業率也各不相同，希臘與西班牙約 27%、奧地利與德國約 5%，可是一部分國家的青年失業率逼近 50%。2008 年金融海嘯之後，勞工保護措施大致上都減少了，北方的債權國與南方的債務國間的分裂持續擴大中。歐元區領導人們為了促進經濟成長，採取了一連串的短期及長期對策，徵收整個歐元區的金融交易稅、歐盟中央集中監管各國銀行、發行歐元債券、制定共同最低的法人稅，以降低租稅避難所帶來的損失等等，目前正在討論好幾種方案。

亞洲

現在達到 5 億人口的亞洲中產階級，有望在 2020 年時增長到

17 億 5,000 萬人。而預計之後增加到 10 億人口的中產階級中，約 90％會是亞洲人。亞洲地區的財政收入是 4 兆美元，民間儲蓄達到 6 兆美元。以購買力平價（purchasing power parity）來看，中國是目前全球經濟規模最大的國家，然而國際貨幣基金組織將 2020 年中國的經濟成長率下調了 6.0％。中國在 1981 年時有 84％的人口屬於極度貧窮階層，現今這比例減少到了 12％，卻依然有大約 8,080 萬的人生活在多面向貧窮之中，並且有 19％的人口生活在快接近多面向貧窮的狀態。

全球一天靠 1.9 美元生活的極度貧窮人口之中有 26％的人在印度，而在印度有 6 億 3,200 萬的人活在多面向貧窮中。但是，印度的中產階級規模卻成長超過 3 億人口，且失業率不到 5％。順帶一提，正式員工只有 220 萬人、間接僱傭 800 萬人的資訊通訊領域正急速成長中。印度這幾年裡的經濟成長率很高，約在 7％～ 8％，儘管 2019 年小幅下降還是有 6.8％。另一方面，中國、日本、韓國正進行自由貿易協定交涉中，這項協定簽署後將會占據亞洲 70％的 GDP、全球 20％的 GDP，並以占有全球 35％貿易（約 5 兆 4,000 億美元）成為全球最具代表、規模最大的自由貿易區。

08

減少疾病與改善衛生問題

人類的健康一直在持續改善，隨著營養與醫療技術越來越好，全球人類壽命也在漸漸提高。預期壽命的增加、傳染性疾病造成的死亡率減少、兒童免疫力的增加等，全球醫療衛生實際狀況正在達到史上最高的水準。現在，像是美洲大陸的本土麻疹與德國麻痺都消失了，東南亞的產婦與嬰兒容易感染破傷風的問題也解決了。可是，全球人口老化的同時，慢性病（腦中風、心臟病、癌症導致的死亡）也在增加中。根據 WHO 的統計，過去五年間發生的傳染病多達 1,100 件，超級細菌、營養失調、肥胖也在增加中；此外，肺結核是造成全球死亡人數最多的傳染病，它的抗藥性也在增強中。

最先進的瘧疾疫苗在 2018 年獲得美國食品藥品監督管理局的許可，2019 年在馬拉威、肯亞、迦納開始針對 2 歲以下孩童進行瘧疾預防接種。這款疫苗目前看來有達到 40％的預防效果，而原本每年有 25 萬孩童死於瘧疾，現在會因為這款疫苗將大幅減少兒童死亡人數。此外，人類免疫缺乏病毒感染（HIV）疫苗的人體實驗還在進行中，愛滋病也在持續減少，2010 年時有 200 萬人因愛滋病死亡，但是 2016 年死亡人數降到了 100 萬。持續且獲得愛滋病治療機會的人從 2015 年的 1,710 萬人增加到了 1,950 萬人（占愛滋病患總人口 53%）。但是，罹患愛滋病的人之中有 20% 在南非共和國，而新感染愛滋的人數中也有 20% 發生在南非共和國。

另一方面，雖然基因編輯與其他長壽研究都在繼續進行中，新抗生素的投資或開發卻無法解決全球現存或潛在的超級細菌。如果沒有新的進展的話，現在因抗藥性導致死亡的病例有 70 萬件，到了 2050 年時每年將會有 1,000 萬人因超級細菌而死亡。新等級的抗生素已經二十五年未上市了，再加上目前超級細菌之一的新德里金屬 β- 內醯胺酶（有 MCR-1 基因）存在於各個大陸上。為了減少治療時間、防止藥物殘留在人體內，研究人員正在尋找可以讓抗生素變得更強的方法。

因為開發可以預防新疾病的疫苗需要花費很多時間，所以研究人員也在研發可以普遍提升人們免疫系統的疫苗。基因疫苗是將 DNA 或 RNA 注射入細胞中，訓練免疫系統清除目標病原體，目前還在臨床試驗中。

如果想要減少全球各處不斷發生的疾病威脅，那我們必須確立醫療基礎與建立全球疾病的偵測、監控與治療系統。WHO 的全球疫苗行動計畫（Global Vaccine Action Plan）就是其中一種，計畫內容大致如下：增加支援對抗與預測抗藥性的發生，以及開發新品種的抗生素；著重於及早發現、準確報告、迅速隔離、資訊透明、打造良好溝通的基礎，並鼓勵進行可包含線上自我診斷、人工智慧、專家級軟體等的遠距治療。企業及NGO團體簽署合作協定，為了讓全部的人能享有醫療衛生，像是藥品、醫療器材、生技產品、醫療及手術程式、支援系統等等，正盡可能地運用這些與健康相關的現有技術。

在醫療衛生環境惡劣又貧窮的地區，缺乏勞工的現象會持續惡化，所以我們需要擴大遠距醫療與人工智慧診斷，並投資與增加乾淨的飲用水、衛生管理與勤洗手等衛生教育。還有，因為疾病的誘發風險以及引發疾病強度、類型的演化，所以我們需要投資更多在氣候變遷與全球環境問題監控方面。

全球各國的醫療衛生動向

北美

美國花費了將近20%的GDP用在醫療費用上，但是成效不彰、保險不給付的部分還是太多，所以需要新的醫療法案。另一方面，醫院因為經濟不景氣，所以為了建立像保險一樣的系統而逐漸合併。隨著美國經濟和臨床健康之健康資訊科技法（HITECH法）的實行，電子健康紀錄與其他形態的健康資訊技術正在升級中。此外，目前美國約有33%的孩童超重或肥胖，根據一項調查顯示，8～18歲的孩子一天平均花7.5個小時在娛樂設施上。美國疾病管制與預防中心（CDC）的報告認為，大約一半的美國新增愛滋病患是被不知道自己帶有愛滋的 20% 人傳染的。另外，在美洲大陸十五年來的預防接種宣傳下，成為首個被宣布德國麻疹消失的地區。

歐洲

歐洲高齡化與移居的增加帶動了政府醫療服務的發展。歐洲在 1990 年以後，5 歲以下孩童與產婦的死亡率分別減少了 50% 與 25%。在全球經濟不景氣、資金難籌措的情況中，他們正在將醫療衛生的重點轉往預防。現在，醫院發生的感染每年會影響 300 萬名歐洲人。另外，因為肺結核而死亡的人數 40 年來首次增加了。烏克蘭雖然是歐洲愛滋感染率最高的國家，但是感染人數從 2006 年開始有減少的跡象。

亞洲

日本與新加坡是亞洲預期壽命最長的國家。以 2018 年的數據來看，日本人的預期壽命是女性 87.2 歲、男性 81 歲，而新加坡人的預期壽命則是女性 84.9 歲、男性 79.5 歲。1990 年以來，預期壽命改善最多的國家有新加坡、韓國、泰國等亞洲國家。中國正在計劃往後兩年裡投資 1,270 億美元在打造健康相關的新基礎建設。如果能獎勵亞洲家禽類農場主人從許多病毒來源的傳統交易市場轉換到冷凍產品市場的話，我們就能降低每年發生的死亡率與減少對經濟的影響。另外，因為中國的空氣品質與水質水準令人擔憂，所以將會有更多人關注他們的環境衛生。

解決教育差距與建立學習環境

人類正在接受越來越好的教育，全球大部分的人口接受直接教育或透過各式各樣形式的網路媒體學習。年輕世代的識字率現在已達到 92%，比過去二十年變得更有智慧、博學。雖然無法上學的孩童比例在減少當中，但是因為實際人口的增加，過去十年裡無法接受教育的孩童人數依然很多。目前國際仍然缺乏基礎教育的援助。

低成本的人工智慧、機器人技術將會完全翻轉新一代或下一個世代的工作性質。如果教育與學習的本質沒有改變的話，那到了 2050 年時，約有 50%的人類會因為先進技術而找不到工作。因此，教育與學習必須著重於創意與問題解決能力，而非未來會被技術取代的單純勞動能力。現行教育要與 STEM（科學、科技、工程、數學）教育並行，也要多放點重心在創意、批判式思考、人際關係、社會情緒能力、哲學、企業家精神、藝術、自營業、倫理等等，必須設計出有品質的基礎學習，讓他們學會以自我實現為目標、懂得調整自己的進度。

筆記型電腦與智慧型手機的價格正在持續下降，擁有數據分析功能的物聯網可以即時提供精準的資訊，但是要成功應用全部的資源開發成智慧，而不是變成資訊汙染，是一件非常大的挑戰。另一方面，歐盟與美國、中國、以色列、日本都在進行大規模的大腦研究計畫，未來的成果將能解決人類的腦部疾病、改善大腦機能，讓腦機裝置產生加乘作用。

教育現場的創新也正在全球各地發生。芬蘭提出以主題式與現象為主的科際整合取向（interdisciplinary Approach）教學方式取代學科的教育計畫。中國則是計劃兩年內在 40 萬所小學裡增加 3D 印列教學課程。因為個人可以使用的科技力量變得比過去更強，所以我們更應該多關注倫理、價值、公民的責任。還有，人類之間的連結漸漸變得更加強烈，學習各自的傳統文化與文明的同時，也必須特別關心全球與宏觀的歷史。

全球各國教育的動向

歐洲

芬蘭計劃廢除科目，改成以現象為本與跨學科方式的科際整合取向教學。歐洲的高等教育有很多部分目前是免費或費用非常低。歐盟現在有 4,000 所高等教育機關，總共 1,700 萬名學生就讀。另外，歐盟執行委員會知識未來報告書則建議開發開放又可參與的資訊整合系統，像是高等教育、專家合作及政策過程的公共參與管道、研究、創新及其他歐盟執行委員會相關的知識。歐盟執行委員會的前瞻性科技研究所主導著歐洲的開放教育資源計畫（OEREU），主要研究開放式教育資源如何運用以及 2030 年的教育情境分析。

亞洲

根據聯合國教科文組織的資料顯示，亞太地區的成人有 95% 可以讀寫，中亞則是達到 100%。青少年識字率也是由中亞的 100%、亞太地區 99% 為最高。英敏特市調公司的報告（Mintel Group research）指出，中國中產階級家庭的孩童有 90% 在放學後會參與付費的教育課程，87%的中國父母會很爽快地花錢讓子女到海外接受其他教育。2013 年到 2014 年為止，全美國的外國留學生之中有 31% 來自中國，而印度與韓國的留學生人數則緊接在後。

10

恐怖主義的威脅與國際安全原則

雖然主要的霸權戰爭已經超過七十年都沒發生了，可是國家之間的爭議卻持續增加中。2018 年全球各國的國防支出費用規模達到了 1 兆 8,220 億美元，與 2017 年相比是增長了 2.6%。有分析認為全球國防費用支出成長的原因，是因為中國、印度、沙烏地阿拉伯等位於亞洲與中東國家在研發與購買武器。

根據全球和平指數（Global Peace Index）顯示，2018 年全球和平程度惡化了 0.27%。惡化的地方有 92 國，好轉的地方有 71 國。此外，因為衝突而死亡的人數從 16 萬 7,000 人降到了 15 萬 7,000 萬人。

另一方面，現在的戰爭與國安的本質轉變成了跨國級、地域性的恐怖主義、國際介入內戰、公開否認在主導網路資訊戰。假新聞之類的資訊戰是利用造假的資訊內容，煽動輿論做出特定立場的意見表態。在大眾還不知道該怎麼防禦的時候，帶風向機器人、影音、其他形式的資訊戰中將假新聞弄假成真的情況正在不斷增加。政府發動的網路攻擊或以其他政府、企業為對象進行捏造事實的犯罪預計將會增加。不對稱的網路戰會改變權力分析的傳統平衡。

接下來介紹的方法也包括一部分的預防衝突策略。讓所有組織都可以獲得政府的服務、打造公開透明與負責任的領導構造、建立共同目標、降低貪腐、促進資訊的自由流通、使用禁止通商令與其他經濟制裁、試圖採用不起眼的仲裁、改善少數團體的權益、禁止煽動仇恨的演說、提供金援、舉辦宗教間的對話、運用國際法院的力量等等。

在衝突解決策略方面則有國家間的對話、國際協商、讓公民社會主要人物參與協商過程、軍事介入、聯合國維持和平行動、經濟獎勵、宗教領導人的倡議等等。

至於防止戰爭再起的策略，有讓軍隊或民兵與被驅逐的人們重新和平共處；聯合國維持和平行動；真相與和解委員會、組織機關的重建；促請難民與流離失所人及移民者安全歸國；資金公開透明讓所有當事人共同參與經濟發展等等。

全球各國衝突的動向

北美

美國雖然準備讓軍隊完全從阿富汗撤退，並減少在當地的活動，但是對伊斯蘭國的空襲活動可能影響撤軍決定。2019 年美國國防預算高達 7,170 億美元，創下了史上最高的紀錄。本土恐怖主義與「孤狼」成了挑戰美國安全的新戰場。2006 年以後，因為恐怖主義而死亡的 98% 人不是被恐怖組織攻擊，而是被「單獨行為者」（lone actors）攻擊而死。而美國被網路攻擊的次數也繼續攀升，電網或物聯網等國家基礎建設的保護措施也越來越受到大眾關注。

加拿大過去五年的軍事費用大約是 200 億美元，但是因為加拿大在國際舞臺上的角色變重，所以預估軍事費用會再增加。美國為此簽署了武器貿易條約，但國會並未批准；而加拿大則是沒簽署與批准。隨著北極冰山持續融化，我們將可以使用在這國境糾紛地方蘊藏的龐大的天然氣與石油。俄羅斯、挪威、丹麥與美國、加拿大間的緊張氣氛將會高漲。

歐洲

根據聯合國難民署的推測，經由海上進到歐洲的移民與逃亡申請者增加到 21 萬 8,000 萬人，而有 3,500 多人在這過程中死亡。義大利則是估計在利比亞還有 20 萬人等待跨越地中海。伊斯蘭國利用逃亡的移民者，偷帶武器進入歐洲，並宣揚伊斯蘭國與伊斯蘭主義，提供他們發動恐攻的資金。歐盟新成立的防偷渡行動的歐盟地中海海軍（EUNAVFOR Med），目的正是為了防止海上偷渡。

英國、希臘、愛沙尼亞預計按照北約組織的約定，將國防投資的比重提高到 GDP 的 2%。如果德國也達到這目標的話，國防預算將從 370 億歐元（約 420 億美元）增加近 2 倍，達到了 740 億歐元。另外，因為青年持續失業與歐元區一部分地區的財政緊縮，所以社會不時會發生暴力示威。為了共同維持歐盟營運，各國需要更強烈又穩定的制度以及政治整合。最後，俄羅斯人與高加索、中亞的少數民族間的關係仍然緊張、暴力衝突增加，而烏克蘭則是爆發了內戰。烏克蘭的內戰造成經濟惡化，因此更加重了當地的不穩定因素。

亞洲

2019 年中國公開的軍事預算約 1 兆 2,000 億人民幣，比前一年增加了 8%以上。中國正企圖建立世界一流的海軍勢力，尤其是中國在天空的軍事能力越來越威脅到西方軍事技術擁有的優勢。另外，中國也漸漸在擴大對非洲、南美洲的先進軍事系統輸出。為了預防未來發生衝突，中國必須好好管理城市化、所得差距、趕走少數民族的開發計畫等國家內部問題。關於北韓的核武開發，目前尚缺乏國際能接受的解決方案。日本為了從海外軍事基地建立到擴大日本自衛權，而在討論一系列的國家安全法案。

11

全球女性人權及地位提升

當今女性們會公開表達自己的見解與要求賦予女性義務，在社會、政治、經濟方面的決策上也漸漸成為與男性平等的立場。在上一個世紀，女性的力量被認為是促使社會進化的最強動機之一，並成為人類面臨所有地球村問題時的解決關鍵。兩性平等已在全球人的意識中確立，也已經有84%的國家在憲法中保障這項權利。

實際上，女性投票權也普及化了。現在，各國立法機關成員有23.5%是女性，也有越來越多國家與組織為了促進女性參政而採取保障名額制度。即便如此，現今仍有50%以上的10歲孩童活在兩性很不平等的國家中。如果想要達到聯合國永續經營發展的目標，也就是在2030年時完成兩性平等與增進全部女性與少女的權益的話，我們還需要更多的努力。

除了政治權力，經濟活動方面上也有一定要解決的兩性工作及薪資差別待遇問題。即使52%的女性為全球勞動市場貢獻，但是與男性相比，女性的收入仍然較低。此外，經濟合作暨發展組織（OECD）調查了全體會員國，全職的男女薪資差距最大的國家是韓國（36.6%）、差距最小的國家是哥斯大黎加（1.8%）。拯救貧困的組織樂施會（Oxfam）警告，按照現在的趨勢持續進行下去的話，G20 國家要實現同工同酬目標至少要再七十五年。

為了解決這個問題，我們需要更強的平等政策與社會結構來幫助女性不中斷工作經歷、繼續工作，例如免費或由僱主補助幼兒園與托育服務，確保她們的基本就業權等，這些必須要成為改善女性地位的必要措施。因為我們缺乏良好的社會安全網體系，讓女性承受附加的壓力，即便如此，她們創造新的工作形態，成為「一人公司」的可能性其實高於男性。如果能製造出女性也有同等機會的話，就會激發她們的創意力與企業家精神。因此她們降低了一般的男女教育差距，在一部分國家裡可以看到接受了中高等教育後的女性擁有比男性更卓越的成就。

一般醫療上的性別差距也在減少中，然而全球依然無法保障女性的生育權與提供有效的家庭計畫。像割禮這類野蠻的極端主義陋習每年為數百萬女孩帶來強大衝擊，預計到 2030 年時潛在的犧牲者將會增加到 8,600 萬人。女性暴力是全球最少關注及報告的犯罪類型，有些地方的加害者不會受到懲罰，還會繼續加害女性。雖然有 119 國制定了防制家庭暴力的法規，但是一輩子會遭受物理性暴力或性暴力的女性達到了 35%，而在女性總人口超過 6 億的 15 個國家裡，家庭暴力仍未被視為犯罪。

儘管國際條約與聯合國機構在積極促進女性權力，可是目前還需要更多努力來強化她們的權限。國際必須制裁侵犯女性權力的行為，並且制定與實施反對女性割禮及名譽殺人等野蠻陋習的法規。另外，也應該要在家庭裡積極推動兩性平等教育。除了需要避免新聞與電視等傳統媒體在內的全部媒體刻意塑造性別刻板印象的行為，也應該要讓更多女性進入媒體領域。最後，當「禁止性別歧視法」的法規成立，加害者對女性的歧視與暴力行為能遭到法律制裁；立法部門最少有30％女性組成；以及政府政策與策略全都包含兩性平等內容時，就能解決全球女性地位提升及人權伸張的問題。

全球各國有關女性人權伸張的動向

北美

以2017年為例，全北美勞動人口中的女性比重是46.8％、加拿大47.3％。美國約有10％、加拿大則是33％的雙薪家庭中女性賺的比另一半還要多，因為許多女性的教育水準比男性高，而且越來越多女性擁有較高的職位。可是，美國標普500指數（S&P 500）的500家上市公司中，擔任執行長的女性只有5.8％。2019年，美國國會的女性議員人數占了全體議員人數約25％，創下了美國國會史上最多女性議員紀錄。即便如此，美國與加拿大政府大幅縮減了為女性設計的國內外家庭計畫措施。美國是生產費與墮胎費最貴、育嬰假最短的國家之一。在41個國家之中，美國是唯一沒有在國家法規制定或要求政府必須實施有薪育嬰假的國家。隨著美國單親家庭的比例增加，這些問題也顯得更加重要。單親家庭是美國第二種最常見的家庭型態，其中有 23%生活在極度貧窮中。

歐洲

兩性平等在歐洲結構變化中占了相當重要的地位。現在歐洲議會女性議員的比例是 40%。另外，波蘭通過了一項法案，要求國會在選舉時必須提出最少 35%以上的女性候選人數，在上次選舉以後，波蘭議會的女性比例是 27.4%。歐盟的情形是大學畢業生有 60%是女性，與男性相比下平均有 83%的女性會再往上繼續讀書。然而，同工作的情況下，男女平均薪資差距有 16%。歐洲執委會則是批評，女性每小時的收入比男性還少，多數從事工時制的工作，經常要做不支薪的家事與育兒。不過，歐洲擁有最好的托育、育嬰假、醫療衛生等社會政策。渴望加入歐盟的土耳其卻未討論有關性別歧視的改善，目前土耳其國會女性比重只有 14.6%，兩性收入差距很大。

亞洲

根據 2018 年全球性別差距報告顯示，全部 149 國中，日本第 110 名、中國 103 名，而韓國是 115 名。亞洲地區最優秀的模範生是第 9 名的菲律賓，緊接在後的紐西蘭第 13 名、澳洲第 24 名。亞太地區註冊國小、國高中、高等教育機關的女學生與男學生差距幾乎快消失了，而在一部分國家裡，女學生的成績比男學生更優異。可是，令人憂心的是有許多亞洲國家依然存在重男輕女的思想。根據一項印度進行的人口調查，兒童性別比是每 1,000 名男童比 914 名女童。而另一項 2017 年完成的調查則顯示，立法部門裡的女性代表比例亞洲是 19.4%、太平洋地區是 17.4%。雖然亞洲還必須與遺留在文化中的家長制思想對抗，但是中亞國家在政治上推動保障名額制度後，國會女性比例前所未有地增加到了 20%以上。

12

跨國組織犯罪與國際對策

可以阻止國際組織犯罪擴大的方法是什麼呢？每年組織犯罪賺進的錢高達 3 兆美元，相當於全部國家一年軍事預算加起來後的 2 倍。專門研究全球非法交易市場的 Havocscope.com 機構推測，散布在 91 國的 50 個黑市價值大約 1 兆 8,100 億美元。儘管這裡面沒有包含網路犯罪，可是 2019 年企業因為網路犯罪而遭到的損失高達了 2 兆美元。另一方面，組織犯罪與恐怖主義的區別定義開始越來越模糊不清，組織犯罪用的新市場出現，對民主主義、社會發展、國家安全的威脅也與日俱增。

我們也應該考量跨國組織犯罪招致的人間悲劇。從被捲入黑幫戰爭中，每天過得心驚膽顫的村民們，到全球各地販賣假藥害人死亡的事件為止，組織犯罪是危害人類的罪，但是國際刑事法院目前還是不認同這件事。另外，WHO 的報告指出，在收入水準低或中間的國家裡流通的藥，十種就有一種是假藥，而且光是 2016 年在非洲各國境內就查獲了價值 9 億美元的假藥與走私的醫療用品，可見問題正在開發中國家蔓延。

組織犯罪中占絕大多數的非法毒品交易，也是長久以來無法解決的難題。聯合國的全球毒品政策委員會（UN Global Commission on Drug Policy）近五十年來進行的活動及執法未能獲得很大的成效，反而損失了近 3 兆美元。全球毒品政策委員正試圖從犯罪的觀點轉移到以公共衛生的觀點來處理問題。此外，金融危機與金融機關的破產會為跨國組織犯罪打開新的滲透管道，國際刑警組織就曾警告，未來造成網路犯罪的成本會比毒品非法交易的成本更大。

跨國組織犯罪的研究方法與建立政策解決此事的過程裡，也不斷地出現問題。本質上很難驗證有關這個問題所進行的統計數據，這讓打擊跨國犯罪組織且發展國際防止犯罪體系更難做事。為了因應跨國組織犯罪，我們需要有效的全球策略與合作，並完成策略是否合理的調查，也必須讓國際刑事法院認可組織犯罪就是危害人類的罪行。現在聯合國毒品和犯罪問題辦公室（UNODC）正在將網路犯罪資料庫分成判例法、成文法等並進行研發，可是有關樹立有效的跨國組織犯罪之全球策略，還需要世界各國達成共識。必須要有國際條約禁止租稅避難處與匿名帳戶，條約裡還必須要有強制執行集體制裁相關銀行與國家的措施。

全球各國有關組織犯罪的動向

北美

美國黑市價值 6,256 億美元，占了全球黑市的三分之一。美國境內毒品犯罪集團已經增加到了約 100 萬人，這在全美犯罪中占了最多有 80%。因此，我們需要將組織犯罪與恐怖主義的關係視為國家安全的威脅。例如歐巴馬政府時期發布的跨國犯罪補償計畫，內容便是允許國務卿對打擊犯罪的行為進行補償，像是解散跨國犯罪組織、阻止其金融系統、逮捕組織成員與領袖或讓他們判刑等。

加拿大依然是冰毒與搖頭丸的主要生產國與供應國。根據全國民意調查顯示，有 66% 的加拿大人支持合法持有少量的大麻，主要政黨也在推動相關法案中。不過，美國科羅拉多州、華盛頓特區已將大麻合法化並視為娛樂用品，而其他州預計將會在州法與聯邦法之間掀起法律爭論。

歐洲

歐洲刑警組織發行了一份組織犯罪威脅評價的報告書，裡面有系統地分析影響歐盟的犯罪活動、針對犯罪集團執行的法律資訊。報告書內容指出，歐盟有 3,600 個積極的犯罪組織集團，70% 由多國成員組成，他們會進行偽造貨幣、製造假貨、網路犯罪，而暴力組織有逐漸被獨立的犯罪集團取代的傾向。調查結果還顯示，歐洲的主要黑市每年會創造出約 1,100 億歐元的價值，組織犯罪則是每年會為英國造成 2,400 億英磅的損失。

亞洲

中國是供應假貨輸入到歐洲的主要供應國。此外，因為女性人數在中國相對較少，所以經常會發生以結婚為由誘騙周遭國家女性的人口販賣問題。印度是假藥的主要生產國。北韓則是被認定為組織犯罪國家，因為他們依賴核武以及參與武器、偽鈔、性奴隸、毒品、各種假貨的非法交易。聯合國毒品和犯罪問題辦公室將與中亞五國合作，並拿出 700 億美元打擊組織犯罪。

13

能源需求增加與長期目標達成

雖然川普政府退出了巴黎氣候協定，但是這個協定還是有望降低化石燃料的消費與增加再生能源的生產。根據《世界能源展望2018》預測，如果現在的趨勢持續下去，各國將無法達到聯合國永續經營發展與巴黎氣候協定的目標。另一方面，當太陽能、風力發電與煤炭一起使用時，將可以彌補成本的不足。因此，為了輔佐再生能源在不使用煤炭的情況下，仍然可以生產最低所需電力，各國正在建造龐大的鋰電池生產工廠。

不過，再生能源的生產雖然占了大部分的新增發電量，卻達不到傳統能源裝置容量的三分之一。此外，根據經濟合作暨發展組織的資料顯示，G20 國家發表的發電量計畫中，幾乎有 70％是來自再生能源。現在太陽能發電生產最多的國家是德國，緊接在後的是中國，而中國計劃在 2020 年再生能源發電領域中投入 2.5 兆人民幣。另一方面，無法獲得能源優惠的人從 2010 年的 12 億人減少到了 8 億 4,000 萬人。

當全球還有不少火力發電廠建案時，火力發電量便從 2016 年的 1,090 百萬瓩，急速下降到了 2018 年的 339 百萬瓩。這是因為中國和印度都從 2015 年開始到 2018 年之間減少了 80%的火力發電。現在，在中國與印度有 100 個以上的發電廠施工現場，其中有相當於 68 百萬瓩規模的建設作業遭到凍結。以全球各地來看，過去幾年裡被凍結施工的計畫比動工的計畫多。全球也在飛速地關閉煤炭工廠，歐洲與美國在過去的 2 年裡就停止運作與關閉了 64 百萬瓩規模的工廠。

電動自駕車與插電式混合動力車、氫動力汽車與天然氣汽車領域都在進步的情況下，石油的未來仍然不太明確。能源企業正相互競爭生產足夠的安全能源，好讓 2050 年時新增的 30 億人口可以使用（隨著人口成長，現在無法使用能源的 8 億 4,000 萬人口屆時會增加到 22 億人）。全世界正加緊腳步讓再生能源的使用比例達到 100%。還在研發中又有趣的點子有：將窗戶噴成太陽能板的噴霧、讓高樓大廈成為能源淨生產者、靠體溫與身體動能來充電的小型電池、改造煤炭工廠來採集二氧化碳、太陽能板道路與太陽能瓦片、可以大大改善（電力、物聯網、交通）效率的人工智慧、使用合成生物學讓植物把二氧化碳轉為生產氫、史特靈引擎為主的太陽能農場、高海拔地區（500 到 2,000 公尺）的風力發電、探鑽熱岩層深處的地熱計畫、液態空氣能源儲存系統等等。另外，目前也在推動可以長期提供不會製造溫室氣體的豐富能源方案，像是高溫及低溫的核融合、地球上或宇宙附近某個地方可以發出能源的太陽能發電衛星。

太陽能、再生能源、生物質、風力、地熱的組合毫無疑問地可以代替化石燃料，問題反而在於能不能對掀起改革的策略達成協議。如果提高排放減量權證的價格，增加非化石燃料的投資，再考量到化石燃料使用上的費用、環境總成本的話，再生能源的成本效益會提高到超出現有程度。為了解決全球能源需求增加的問題，所有國家必須履行減少二氧化碳排放量的約定。此外，各國必須建設可在 2050 年時提供新增 35 億人口用電的生產設備，拆除老舊核電廠的核子反應爐，也需要改造火力發電廠。

全球各國的再生能源使用動向

北美

全世界最大太陽能發電廠在美國加州莫哈韋沙漠正式啟動了，特斯拉的 3,500 美元鋰離子儲能電池有助於擴展太陽能屋頂的效能。美國國家環境保護局（EPA）提出了一項綠色能源策略計畫，要求各州政府將現有發電廠的碳排放減少到 2005 年的標準以下，而全美 523 間火力發電廠中有 190 多間預計將在近期關閉。根據美國地質調查局表示，水力壓裂的相關技術造成的人工地震正在增加中，因此包含紐約在內的許多州都宣布禁止或是暫停使用水力壓裂技術。加州要求煉油廠與汽車燃料進口廠商要在 2020 年時減少自家產品的碳濃度 10%。加州州長還發表了提升再生能源用電比例，在2026年提升到50%、2030年60%，最後在2045年達到100%的目標。想要達到這個目標，必須同時提高能源的效率。

歐洲

歐盟發表了計畫，要在2030年前讓溫室氣體的排放量比1990年減少40%，且再生能源比1990年增加35%。他們也預計在2030年時改善30%的能源效率。以2018年來看，再生能源占了歐盟整體能源消費量的17%，而瑞典的再生能源比例最高，占了總消費量的46.8%。根據歐盟的低碳路徑（Low Carbon Roadmap）資料顯示，低碳技術將在2020年時提供60%能源，到了2050年時將可提供100%。北歐預計將重心放在風力發電，南歐則是太陽能。德國與瑞士雖然計畫階段性廢除核能，但是德國關閉核電廠與建設核廢料處理場的成本可能會因此上升到700億歐元。芬蘭的核能發電廠則是估算這樣的建設成本要從45億美元增加到120億美元。波蘭有超過80%的天然氣是從俄羅斯進口，不過波蘭境內的頁岩氣儲量足以提供他們使用瓦斯50年以上。另一方面，法國反對開採頁岩氣，荷蘭、盧森堡、保加利亞等國也中斷了頁岩氣的鑽探工程。俄羅斯能源部保守推估的2020年展望，俄羅斯原油生產油預計會減少5至10%。丹麥則是預計在2030年時由再生能源供應全丹麥的電力消費。

亞洲

目前，亞洲地區約有 10 億人口沒電可用。光是在印度，就有 2 億 8,900 的人過著沒有電的生活。隨著亞洲人口與經濟的快速成長，也帶來了能源缺乏與成本增加的問題。亞銀的預測指出，到了 2035 年，全球年均能源生產量中的 56%將用於在亞太地區。日本在太陽能方面所設置的太陽能電池（PV），預計到了 2030 年時生產量將達到 100 百萬瓩，即 11.2%的電力需求；另外，日本在福島核災後，仍然不顧大眾的反對提出了核能發電在 2030 年時供應整體電力五分之一的計畫。中國則是公布了核能發電量 2020 年擴大 3 倍的計畫，而再生能源的電力需求將在 2030 年達到 57%、2050 年達到 86%。

14

解決科學技術創新而衍生的問題

用於改善人類生活的科學創新與技術應用，不斷有許多促使其加快發展的因素出現，變化的速度也因為人工智慧的發展，以及量子電腦的出現變得更快速。而且因為合成生物學、3D／4D列印、人工智慧、機器人、原子精密製造與奈米科技、遠距技術、無人機、AR及VR、再生能源系統價格的下降以及集體智慧系統，多虧這些技術，與未來的二十五年相比，過去的二十五年更令人覺得過得很緩慢。還有，現在的這些變化再加上以後將要發生的變化，這會讓更多一般人能以較便宜的價格去自由地接觸到全球技術，而不再只屬於少數精英團體的特權。

2019年，美國的Summit和Sierra兩大超級電腦超越了中國的神威．太湖之光（Sunway TaihuLight），成為擁有最優秀性能的超級電腦。另一方面，加拿大量子電腦公司D-Wave正在探索創造量子計算與量子人工智慧的機械學習領域。這代表儲存數據在單一分子的作業將可增加100倍的數據儲存密度。到了2050年時，任何人都可以隨時隨地透過雲端量子／人工智慧讀取幾乎所有東西。

如同物質與能源的新合成招致工業革命一樣，基因學的分子及生物體的新合成或生物體組織的發展也將造成生技革命。原子精密製造可以做出在物理生產效率上掀起大變革的機器。可植入於人體內微型機器人上的生物感測器將 VR 影像傳送到人體外部的同時，將還能診斷人體與提供治療方法。往返地球和靜止軌道之間的太空電梯可以提供人們便宜的太空旅行，科學家也正探索著可以長期進行太空旅行的方式，像是離子推進器、利用發射出光芒的能量來當作推力使用的光子推進器、電漿原子放射、太陽能航行等等。

雖然科學和技術的歷史顯示出進步會帶來益處，但是也會帶來意料之外的負面結果。從自駕車與自動駕駛飛機、船舶遭駭，到腦機介面、奈米醫藥等等，所有一切都潛藏著保安系統太弱的問題，這也是我們必須要解決的。另外，全世界都在增加的電子廢棄物可能會汙染地下水，而奈米粒子累積在人體內時，也可能引起我們無法預測的健康問題。除此之外，還會有技術失業而發生的社會問題。儘管在工業時代和資訊時代下，新的工作會比消失的工作多，可是因為即將來臨的新技術變化的速度、力量、範圍、全球動態，還是很難保證這次的革命會帶來新的工作機會。

關於科學和技術發展的加速，與我們所想的或是透過媒體報導的之間還是存有很大的差距。不過越是這樣，我們就越需要追蹤科學與技術的發展、預測結果和可以記錄各種觀點的全球集體智慧系統。為了讓科學和技術的加速能為人類帶來比現在更多的好處，我們需要擴大研發與基礎化學研究，以及可以更智慧地使用新技術的創新商業模式與政策。這樣一來，任何人都可以理解這些又新又有可行性的技術與潛在成果，也能製造出開發科學技術的誘因。另外，必須設立國際級科學技術組織，連結全球科學技術的知識，讓大家在合法的背景與法規下使用這些技術。

全球各國的研發投資動向

北美

美國聯邦的研發有減少的趨勢，不過像是 SpaceX 的天龍號太空船、理查・布蘭森的維珍銀河（Virgin Galactic）、貝佐斯的藍色起源等，這類企業打造的研究設施為了開放空間給更多的人使用，而在減少上市費用中。麻省理工學院、哈佛大學、普林斯頓大學、密西根大學、賓州大學等，提供免費線上課程的大學也在增加中。另外，任何人都可以免費下載美國國家科學院（NAS）、美國國家工程院（NAE）、美國醫學學會（IOM）的研究。然而，美國專利商標局讓數千件的全新專利能夠在線上被自由使用，卻漸漸發生了許多侵害專利的事件，許多企業為了解決這個問題，甚至得花數十億美元。雖然美國國會為了因應這種組織犯罪而通過了創新法案（innovation act），但是目前卻尚未制定能加速研發和應用的法案。

歐洲

歐洲簽署了一項電子戰略，目標是在 2020 年時為歐洲創造出 25 萬個工作機會。在歐盟資助的科學技術計畫當中，「展望 2020」（Horizon 2020）分配到了 70 億歐元，伽利略定位系統衛星專案分配到了 63 億歐元，ITER 核融合分配到了 27 億歐元，促進環境與安全的全球環境與安全監測計畫（GMES）則是分配到了 37 億歐元。另一頭，俄羅斯為了加速研發與技術應用，正與跨國企業共同打造斯科爾科沃創新中心，並依照促進國家太空產業發展的國家計畫，編列出約 700 億美元的預算。

亞洲

在亞洲國家當中，研發支出最高的是韓國，占了 GDP 的 4.6%，這在經濟合作暨發展組織（OCED）36 國中也是最高的。日本的研發支出占了約 GDP 的 3%，中國則是占了 2.5%。目前，中國年均研發預算有每年增加約 12%的趨勢，研發規模為全球第二大。此外，中國的專利登錄在五年內增加了 500%，對綠色能源技術投資的費用也高於美國。

15

倫理決策與新社會契約

要怎麼做才能讓倫理決策達到全球整合呢？現在，依靠人工智慧進行決策有增加的趨勢，這讓科學技術正快速成長到超越我們傳統的道德判斷。因為演算法的決策沒有倫理上的中立性，所以未來會增加監督軟體內部倫理決策的設定，這樣的方法也可以抑制連接人工智慧的物聯網其遠端監視可能帶來的非倫理決策。

除此之外還有很多問題，像是複製人或透過合成生物學所發明的新生物而衍生的倫理道德問題、在沒有考量適當的安全與控制下發明新形態武器等等，這些問題大部分和個人、機關、政府可以使用的技術越來越強大、越來越多樣有關。

就像在法律上作為嚮導角色的判例一樣，我們也需要協助道德判斷的資源，以因應未來可能發生的事件。例如，在不久的將來可能會出現個人自製大量帶有殺傷力武器的狀況，而為了事先預防是否必須犧牲人民隱私等等，有很多人們必須好好思考的問題。另外，假新聞這類的資訊戰是以各國選舉為對象進行的戰爭，我們必須預防資訊戰與假新聞，並學習與之對抗的方法。與此同時，隨著人們的教育水準提高，網路連結的世代開始對權力濫用進行抗議，並要求負起責任的情況也在增加當中。我們可以從全球各地增加的示威中看出人民不容許權力菁英做出有違倫理的決策的決心。

另一方面，企業的社會責任計畫、行銷倫理、慈善投資都在增加中。現在的企業比起解決問題，更多是在欺騙大眾牟利，所以企業經營的倫理標準必須被全世界接受並定期審查。試圖藉由聯合國與企業間的合作關係達成全球經濟永續發展的「聯合國全球契約」（UN Global Compact）強化了企業決策中的倫理道德，目前全球共有 160 個國家、約 14,000 多個會員（包含 1 萬多個企業會員）參加。世界人權宣言不只是持續促進全球倫理與正義的對話，更跨越了倫理、宗教與意識形態的隔閡，影響了所有人的決策過程。國際刑事法院起訴了超過 40 名的領導者，國際法院也針對國家之間的相關紛爭做出了 126 件判決。

因為世俗主義的成長，所以許多人不太相信決策者做出決策時的倫理原則。如果想要樹立更好的倫理觀與整合決策，我們需要跨越國家、機關、宗教、理念的差距，並擁有願意共同合作、解決全球問題的道德決心。而有了世界級的決策之後，我們必須制訂出優先思考倫理的獎勵政策，並且在學校實施倫理與團體責任教育。

全球各國面臨的倫理問題現況

歐洲

隨著歐洲地區移民人口增加，社會對於倫理及身份認同的討論也在增加。根據「國際透明組織」（Transparency International）的資料顯示，大部分的歐元區國家屬於全球最不腐敗的國家，東歐與中亞則是被選為最腐敗的國家。根據每兩年出版、為了評價會員國，並幫助會員國努力落實反腐敗的《歐洲反腐敗報告書》指出，參與調查的歐洲人之中有76%覺得自己國家內部普遍腐敗。另外在希臘與其他南歐國家的財政危機中，也提出了有關人民、國家以及歐元區會員國間相互依賴的倫理責任問題。基於以上種種因素，「歐洲企業倫理網路」（EBEN）正在將各國改善倫理決策的努力串連起來，並動員國際倫理網路組織改革行動，努力讓各國社會多關注企業倫理。而西班牙與法國有最多企業參與了「聯合國全球契約」。

亞洲

中國科學家的胚胎基因編輯技術在改變所有未來一代的基因學同時，也浮現出了倫理問題。因為中國在全球決策中擔任角色逐漸重要，所以中國將會面臨傳統與西方價值之間的衝突。目前中國已經開始進行重要的反腐行動，若是成功的話，將會影響到這個地區的其他國家。

附錄

未來具有潛力的技術

接著是按照產業類別整理成一目瞭然的表格，將介紹我們要留意的潛力技術與研發狀況。在這當中，有還停留在假設階段的技術、開發中的技術，也有快做出原型並進入商業化的技術。光是瞭解這些技術現在進行到什麼階段，以及會在實際應用上帶來什麼影響，就能令我們受益良多。另外，有些技術因為已經商業化或是進行了長久的研發，而產生了專有名詞；有些新技術則尚未確定專有名詞。沒有專有名詞的技術都會標註上英文。

農業領域

技術	研發狀況	潛在的應用領域
農業用機器人	研發及實驗階段	
封閉生態系統	研發及實驗階段	太空探索及太空殖民地
人造肉	研發階段	永續經營的肉食生活、資源效率好又便宜的肉
垂直農業	實驗及擴散階段	農作物及肉類生產

建設領域

技術	研發狀況	潛在的應用領域
電子黏土 Claytronics	假設及實驗階段	
4D 列印	研發階段	
智慧型微塵	假設及實驗階段	
分子機械	假設及實驗階段	

材料科學領域

技術	研發狀況	潛在的應用領域
氣凝膠	擴散及初期使用階段	輸油管、隔熱材料及建築內外牆、航太
非晶質金屬 Amorphous metal	實驗階段	防彈衣
導電性高分子	樣品測試階段	防靜電用材料、有機太陽能電池
超冷處理 Cryogenic treatment	樣品測試階段	噴射發動機、渦輪發動機、電動車、齒輪、培林
石墨烯	擴散及初期使用階段	電晶體、手機面板、診斷疾病用感測器、更有效率的電池
高溫超導體	假設及實驗階段	磁浮列車、大容量蓄熱器、電動車
磁流變液 Magnetorheological fluid	研發階段	哈伯太空望遠鏡、機器人
超材料	擴散階段	顯微鏡、相機、隱形裝置
多功能結構	實驗及樣品測試階段	廣範圍
奈米碳管	擴散及初期使用階段	太空電梯、高強度又輕便的材料
合成鑽石	商業化階段	電子工程
半透明混凝土	商業化階段	建設高樓大廈

電子工程

技術	研發狀況	潛在的應用領域
軟性印刷電路板	樣品測試及擴散階段	折疊式智慧手機、軟性太陽能電池
憶阻器 Memristor	樣品測試階段	耗電低的儲存裝置、BMI、無線射頻識別
自旋電子學 Spintronics	樣品測試階段	數據儲存、電腦計算裝置
散熱銅柱凸塊	樣品測試階段	冷卻電子迴路

能源領域

技術	研發狀況	潛在的應用領域
空中風力發電	構思階段	電力生產
人工光合作用	研發及實驗階段	改善天然的光合作用
採集能源技術	實驗階段	支援行動式及穿載式普及計算裝置的永續能源
核融合發電	實驗階段	電力生產、廢熱回收
第四代核能反應爐 Generation IV reactor	研發及實驗階段	生產經濟效益高的電力
鋰空氣電池	研發及實驗階段	筆電、手機、遠程駕駛的電動車、儲存電網用的能源
奈米線電池	樣品測試階段	筆電、手機、遠程駕駛的電動車、儲存電網用的能源
奈米天線 Nantenna	構思階段	電力生產
海洋溫差發電	樣品測試階段	
固態電池 Solid-state battery	商業化階段	混合動力車

智慧電網	擴散階段	
太空太陽能發電	假設階段	
釷燃料循環 Thorium fuel cycle	研發階段	電力生產
無線傳送能源	擴散階段	筆電、手機、電動車

IT 及通訊領域

技術	研發狀況	潛在的應用領域
5G	商業化初期階段	智慧手機、平板電腦
人工腦	構思階段	治療神經系統疾病
原子學 Atomtronics	假設階段	
AR	擴散階段	
區塊鏈	擴散階段	消除交易費用、加密技術
DNA 儲存裝置	實驗階段	儲存大量數據
物聯網	擴散階段	
第四代光碟片	樣品測試階段	儲存數據
人工智慧翻譯	擴散階段	更輕鬆又便宜的通訊
機器視覺	商業化階段	生物辨識、控制流程、人與機器的相互作用
生物感測器	擴散階段	人臉辨識掃描
量子計算	商業化階段	
量子雷達	樣品測試階段	
人工智慧音響	擴散階段	

VR	擴散階段	
無線射頻識別系統 RFID	擴散階段	追蹤有搭載無線射頻識別的產品、智慧貨架、智慧推車

醫療領域

技術	研發狀況	潛在的應用領域
人工子宮	假設及研究階段	太空旅人、人工受精
人體移植	實驗及商業化階段	腦移植、視網膜移植
人體冷凍技術	實驗及商業化階段	器官移植、延長壽命
DNA 疫苗	實驗階段	
酵素生物學 Enzybiotics	實驗階段	
有機體病毒基因工程學	商業化階段	消除疾病、醫藥及疫苗研究
人類冬眠技術	實驗階段	器官移植、太空旅行、緊急措施
免疫力療法	研發及商業化階段	癌症治療
奈米醫學	實驗階段	
抗癌病毒	實驗及商業化階段	癌症治療
基因體定序	實驗階段	客製化醫療
再生醫學	實驗階段	延長壽命
機器人手術	研究及擴散階段	
幹細胞療法	實驗階段	治療廣範圍疾病及傷口
合成生物學／基因合成學	研發階段	生物重新編程

組織工程	實驗及擴散階段	列印器官、牙齒再生
三度儀 Tricorder	研發階段	快速診斷疾病
病毒療法		
Virotherapy	實驗階段	治療基因與癌症
植物抗生素 Plantibody	實驗階段	預防疾病

神經科學領域

技術	研發狀況	潛在的應用領域
腦機介面	研究及商業化階段	更快地溝通與學習、治療精神疾病
讀腦技術 Brain-reading	研發階段	
移植大腦	實驗階段	治療腦損傷
神經義肢 Neuroprosthetics		視覺義肢、腦植入、腦機介面

國防領域

技術	研發狀況	潛在的應用領域
隱形（透明）裝置	實驗階段	
導能武器 Directed energy weapon	研發及樣品測試階段	
電子雷射	研發階段	
力場 Force field	假設及實驗階段	太空旅行
環保子彈	研發階段	

Green bullet		
雷射武器系統	研發階段	火箭、炸彈、追蹤及破壞無人機
電漿武器	構思階段	
音波武器 Sonic weapon	研發階段	
匿蹤技術	研發階段	阻礙訊號技術

太空領域

技術	研發狀況	潛在的應用領域
反重力	假設及實驗階段	
人工重力	研發階段	太空旅行
小行星礦採	假設階段	資源供應
超級望遠鏡 Hypertelescope	假設階段	天文學研究
休眠艙	研發階段	星球間的星際旅行
充氣式太空艙	實驗階段	太空旅行及移居
最簡便的人工衛星	研發及一部分樣品階段	便宜的衛星
可回收型火箭	研發及一部分樣品階段	減少發射太空的成本

機器人領域

技術	研發狀況	潛在的應用領域
人型機器人	商業化及擴散階段	助手機器人、警衛機器人
奈米機器人	實驗階段	便宜地進行行星地球化

動力外骨骼（裝甲）Powered exoskeleton	實驗及商業化階段	建築及施工現場、幫助老人與身障人士
可自行改變構造的模組化機器人	樣品測試階段	
集體機器人	實驗階段	自動建築、太空建築
自駕車	商業化及擴散階段	運送貨物及廣範圍應用

運輸領域

技術	研發狀況	潛在的應用領域
無空氣輪胎	樣品測試階段	
新能源車	商業化及擴散階段	
推動電液動力學	樣品測試階段	
飛行車	樣品測試階段	有效率的交通手段
核融合火箭 Fusion rocket	研發階段	行星間移動
飛行機車 Hoverbike	樣品及商業化早期階段	送貨、搜尋及救難
噴射背包	樣品及商業化早期階段	有效率的交通手段
真空隧道磁浮列車 Vactrain	研發階段	
核光子火箭	假設階段	行星間移動
太空倉庫 Propellant depot	研發階段	
脈衝爆炸引擎 Pulse detonation engine	實驗階段	行星間移動
太空電梯	研發階段	
太空往返船	研發階段	極音速運輸

超音速運輸	商業化及擴散階段	
車聯網系統	研發階段	自駕車

參考文獻

第 2 章　與人工智慧分工合作而變強的人類

- Peter H. Diamandis, MD. (2019, Apr. 26). 5 AI Breakthroughs We'll Likely See in the Next 5 Years https://singularityhub.com/2019/04/26/5-ai-breakthroughs-well-likely-see-in-the-next-5-years/
- Peter H. Diamandis, MD. (2019, May 03). AI Is About to Completely Change the Face of Entertainment https://singularityhub.com/2019/05/03/ai-is-about-to-completely-change-the-face-of-entertainment/

第 3 章　新一代技術融合，打造先進的日常生活

- Marc Prosser (2019, Feb. 28). Where Is Amazon Headed With Its Self-Driving Car Initiatives? https://singularityhub.com/2019/02/28/where-is-amazon-headed-with-its-self-driving-car-initiatives/
- Marc Prosser (2019, Jan. 25). How Microrobots Will Fix Our Roads and Save Us Billions https://singularityhub.com/2019/01/25/how-microrobots-will-fix-our-roads-and-save-us-billions/
- Edd Gent (2018, Jul. 30). MIT Study Shows Off Chemical-Detecting Machines the Size of a Human Egg Cell https://singularityhub.com/2018/07/30/mit-study-shows-off-chemical-detecting-machines-the-size-of-a-human-egg-cell/
- Aaron Frank (2019, Apr. 28). How Augmented Reality Will Create a World of On-Demand Experts https://singularityhub.com/2019/04/28/how-augmented-reality-will-create-a-world-of-on-demand-experts/
- Peter H. Diamandis, MD. (2019, Mar. 08). The Smart Cities of the Future Are Already Taking Off https://singularityhub.com/2019/03/08/the-smart-cities-of-the-future-are-already-taking-off/

第 4 章　利用生技革命尋找未來的出路

- Shelly Fan (2019, Jan. 22). The Top Biotech and Medicine Advances to Expect in 2019 https://singularityhub.com/2019/01/22/the-top-biotech-and-medicine-advances-to-expect-in-2019/

- Shelly Fan (2018, Dec. 04). Welcome to the CRISPR Baby World—Here's What You Should Know https://singularityhub.com/2018/12/04/welcome-to-the-crispr-baby-world-heres-what-you-should-know/
- Shelly Fan (2019, May 02). CRISPR Used in Human Trials for the First Time in the US https://singularityhub.com/2019/05/02/crispr-used-in-human-trials-for-the-first-time-in-the-us/
- Edd Gent (2019, Apr. 01). Microsoft Is Building an All-In-One DNA Data Storage Device https://singularityhub.com/2019/04/01/microsoft-is-building-an-all-in-one-dna-data-storage-device/
- Shelly Fan (2019, Sep. 08). Lab-Grown Minibrains Show Activity Similar to Babies' Brains https://singularityhub.com/2019/09/08/lab-grown-minibrains-show-activity-similar-to-babies-brains/

第5章　進軍宇宙的地球與能源的未來

- Raya Bidshahri (2019, Feb. 15). What It Will Take For Humans to Be Self-Sustaining in Space https://singularityhub.com/2019/02/15/what-it-will-take-for-humans-to-be-self-sustaining-in-space/

第6章　延長壽命與健康管理的革命

- Peter H. Diamandis, MD. (2019, Feb. 15). AI Is Rapidly Augmenting Healthcare and Longevity. https://singularityhub.com/2019/02/15/how-ai-is-rapidly-augmenting-healthcare-and-longevity/
- Peter H. Diamandis, MD. (2019, Mar. 28). Extending Human Longevity with Regenerative Medicine https://singularityhub.com/2019/03/28/extending-human-longevity-with-regenerative-medicine/
- Marc Prosser. (2019, Feb. 05). This AI Can Tell Your Age by Analyzing Your Gut Microbiome. https://singularityhub.com/2019/02/05/this-ai-can-tell-your-age-by-analyzing-your-gut-microbiome/

高寶書版集團
gobooks.com.tw

RI 342
2030 世界未來報告書：
區塊鏈、AI、生技與新能源革命、產業重新洗牌，接下來 10 年的工作與商機在哪裡？
세계미래보고서 2020：세계적인 미래연구기구 '밀레니엄 프로젝트' 의 2020 대전망！

作　　者　朴英淑（Youngsook Park）、傑羅姆・格倫（Jerome Glenn）
譯　　者　宋佩芬
責任編輯　林子鈺
封面設計　萬勝安
內文編排　賴姵均
企　　劃　鍾惠鈞

發 行 人　朱凱蕾
出　　版　英屬維京群島商高寶國際有限公司台灣分公司
　　　　　Global Group Holdings, Ltd.
地　　址　台北市內湖區洲子街 88 號 3 樓
網　　址　gobooks.com.tw
電　　話　（02）27992788
電　　郵　readers@gobooks.com.tw（讀者服務部）
　　　　　pr@gobooks.com.tw（公關諮詢部）
傳　　真　出版部（02）27990909　行銷部（02）27993088
郵政劃撥　19394552
戶　　名　英屬維京群島商高寶國際有限公司台灣分公司
發　　行　英屬維京群島商高寶國際有限公司台灣分公司
初版日期　2020 年 4 月

國家圖書館出版品預行編目（CIP）資料

2030 世界未來報告書：區塊鏈、AI、生技與新能源革命、產業重新洗牌，接下來 10 年的工作與商機在哪裡？/ 朴英淑（Youngsook Park），傑羅姆・格倫 (Jerome Glenn) 著；宋佩芬譯．-- 初版．-- 臺北市：高寶國際出版：高寶國際發行，2020.04
　面；　公分．--（致富館；RI 342）

ISBN 978-986-361-827-0（平裝）

1. 未來社會　2. 產業發展　3. 人工智慧

541.49　　10900375

GOBOOKS
& SITAK
GROUP©